LES MŒURS
DE
PARIS.

Par M. LAPEYRE.

A AMSTERDAM,

CHEZ GUILLAUME CASTEL, Imprimeur de S. A. S. le Prince d'Orange.

M. DCC XLVII.

PREFACE.

ON voit à Paris un concours de monde aussi grand que brillant ; cette Cité qui est la Déesse de la terre, le berceau des Héros, attire dans son sein des gens de toutes les Nations. Ils y sont conduits, les uns par la curiosité, le plaisir, & même par l'amour du désordre ; les autres considérant que la Fortune répand dans ce séjour ses biens plus abondamment qu'ailleurs, y ont été attirés par l'espérance de jouir un jour de ses avantages. D'où vient que l'on voit à Paris cette multitude innombrable de gens dont la plupart conduisent tant d'intrigues délicates, de brigues sérieuses. Ils n'est point de ressorts qu'ils n'y remuent pour arriver au comble de leurs vœux. Ils y employent les feintes, les caresses, les embrassemens redoublés, les discours fleuris, & nés dans la source de la Politique. On y voit des Dames qui n'ont du goût que pour l'infidélité, de l'attrait que pour le désordre : si leurs maris avoient le droit de les vendre, ils les donneroient à bon marché, & ce seroit avec raison, puisqu'elles ne valent pas grand chose.

L'ouvrage que je donne aujourd'hui au Public, offre un spectacle des plus curieux ; on y voit les caractéres des Habitans de la reine des Cités. Je ne l'ai mis au jour que par le desir de faire des conquêtes à la vertu. Mon intention a été de démasquer le vice, & de porter dans l'esprit le flambeau de la raison. Je tâche de peindre les Dames, les Petits-Maîtres, les Politiques, les gens de Lettres, les Abbés & les Moines. Ils n'auront pas dequoi se plaindre puisque j'écris sur les sujets, qui sont dignes de leurs réflexions, ils me rendront sans doute la justice que je n'ai rien écrit qui ne soit vrai. J'ai fait, autant que j'ai pû, leurs portraits au naturel; & quelque impolitesse qui se trouve dans le style, quelque grossiéreté qu'il y ait dans les traits, j'espére néanmoins que cet Ouvrage, par rapport à la vérité à laquelle je me ſuis attaché, ſera favorablement reçu du Public, & qu'il produira de bons fruits.

LES MŒURS *DE* PARIS.

TITRE PREMIER.

DES DAMES.

NE croyez-pas, Mes Dames, que je vienne tracer des douceurs que vous aimez; mon objet est de combattre les inclinations indiscretes, les airs coquets, l'envie de plaire, l'amour des richesses, en un mot tous vos défauts. Je m'étois proposé depuis long-tems de vous présenter un miroir où vous puissiez vous examiner : mais l'appréhension de vous irriter, avoit mille fois arrêté l'exécution de mon projet. Cependant je dis, il y a quelques jours en moi-même, Pourquoi suspendre l'ouvrage de mon zèle ? Pourrois-je voir sans déplaisir qu'un sexe qui doit embélir la France, & en faire la gloire par le seul éclat de ses vertus, fasse sans cesse de faux pas, & cela peut-être pour ne point lui donner le tableau de sa vie auquel il peut se reconnoître. Que sçais-je si je ne lui inspirerai le desir du bonheur, & si je ne le ramenerai au chemin des heureux : comment, d'ailleurs, pour un defſein ſi beau, pourrois-je m'attirer l'indignation de ce ſexe, ne lui fournirois - je pas au contraire un ſujet de ſatisfaction? La force de ces réflexions, Mes Dames, ne m'a point permis de différer davantage à compoſer cet Ouvrage: Je vous prie de recevoir comme une légere ébauche de mon zele ce que vous y trouverez ſur votre compte; je ſerois comblé de joye ſi je pouvois vous donner du goût pour la piété; je ne laiſſerai échapper à mes réflexions rien de ce qui pourra produire ce bon effet. ne vous attendez - donc pas, Mes Dames, à des flateries, des éloges, je vous promets de ne point vous ménager; je vais vous peindre au naturel.

La Galanterie régne à Paris

plus que dans aucune ville du monde, l'Amour ſemble y avoir élu ſon ſéjour : les Dames y penſent de la maniere la plus indiſcrete, les appas qu'elles font briller ſéduiſent une foule de gens : ils vont doux, affables, polis, civils, ſe mettre dans les fers. Mais la réflexion a-t-elle fait tomber le bandeau de l'illuſion, ils voyent alors, mais trop tard, que ce qu'ils cherchoient pour être heureux, étoit précisément, ce qui les empêchoit de l'être : ils ſe trouvent enjolivés d'un bouquet, qui les oblige d'implorer le miniſtére des enfans d'Eſculape. C'eſt alors qu'ils achétent un repentir cher ; pour un petit bouquet, il en coute la vertu, la ſanté & ſouvent le néceſſaire qui ſont les ſeules choſes qui rendent les jours heureux.

Je diſtingue les Femmes à Paris en quatre claſſes : les filles de l'Opéra forment la premiere, les Artiſanes la ſeconde, les Bourgeoiſes la troiſiéme, & les Dames de qualité la quatriéme.

Une Fille de l'Opéra eſt douce, polie, enjouée : elle joue toutes ſortes de perſonnages pour ſe faire des amans. Si elle en veut à un jeune homme, elle loue les attraits de ſon âge, & les plaiſirs qui lui ſont dus ; elle lui aſſûre qu'il n'y a que lui ſeul qui ait le talent de la charmer : ſi elle ſe tourne au contraire du côté d'un vieillard, elle trace les prérogatives de prudence que l'âge lui accorde, & lui proteſte qu'elle ne ſçauroit aimer qu'un homme de ce caractére. Tantôt elle chante comme une Sirene, & danse avec toutes les graces d'une Nymphe : tantôt elle le regarde avec des yeux vifs & flateurs: elle redouble ses caresses, & les assaisonne d'un sel varié pour conserver leur frivole nouveauté. Après qu'elle est devenue la Reine de l'objet de ses desirs, elle s'étudie à le retenir dans ses chaînes : si elle apperçoit qu'il est moins empressé à cultiver ses faveurs, elle le menace de lui donner un Rival : s'il en murmure trop, elle l'appaise bien vîte. Quelque fois elle attise les feux, ou par de courtes absences, ou par des privations ménagées ; elle exile les caresses, les ris: mais lorsqu'elle veut, elle les rappelle.

Une autre fois elle lui déguise sous le masque du devoir une extrême complaisance, & lui déclare les présages d'une fidélité à toute épreuve.

L'Artisane méne une vie qui fait des éclats bruyans; le vice est canonisé chez elle. Aux approches de la nuit elle va tendre ses piéges au Luxembourg, aux Thuileries, où elle harangue les Plumets & les Abbés. On a beau lui faire des reproches, des remontrances, cette infidelle laisse toujours le cours à ses desirs vagabonds, & suit ses mauvaises maximes; elle défends ses mœurs, & leur donne du prix.

La Bourgeoise suit souvent son goût sans réflexion, les frequentes occasions qu'elle trouve, lui font nouer des intrigues,

Cependant il y a de la modération dans ſa conduite, la crainte de perdre ſon honneur, la retient quelque fois dans ſon devoir.

La Dame de qualité ſe met au-deſſus du qu'endira-t-on, ſa vie fait beaucoup de bruit, de fracas; on peut la mettre en paralléle avec celle de l'Artiſanne. Le matin elle prend au lit un bouillon, elle ſe léve à midi, & demeure à ſa toilette juſqu'à ce qu'il faille ſe mettre à table. Aprés diner elle joue du Claveſſin, ou fait une partie de Piquet qu'elle a ſoin d'intéreſſer. Afin de varier ſes exercices, elle va faire un tour de promenade: ſi le tems ne le lui permet point, elle va en viſite; de-là elle ſe rend au Spectacle, à la fin duquel elle va ſouper avec ſon Amant, & ne ſe retire qu'au point du jour.

Les Dames de qualité à Paris ſe montrent ſous toutes les formes où les graces peuvent paroître, dans la vûe de ravir les libertés. Elles embelliſſent leurs viſages d'une pommade délicate, & ornent leurs corps de pierreries, dont le brillant & la lueur éblouiſſent les yeux. Tantôt elles chantent, elles danſent, elles folatrent; on diroit que les ris & les plaiſirs ont fixé leur ſéjour auprès d'elles. Tantôt elles parent leurs diſcours de roſes & de lys, d'enjouemens & de graces; on ne voit chez elles qu'un aſſemblage de piéges, un tiſſu d'artifices; leur ambition irritée leur fait entreprendre les choſes les plus extraordinaires pour séduire la vertu des Grands ; leur objet est d'aller au bonheur par la route du plaisir.

Ces Dames cherchent tous les moyens de favoriser leurs Amans, si leurs époux Jaloux de leur sagesse, épient leur conduite, elles mettent leur prévoyance à l'écart : pour cet effet elles ont recours au bal de l'Opéra, qui est une assemblée où régne l'Amour.

On ne doit point s'étonner du désordre de ces Dames, puisqu'elles s'exposent à toutes les occasions périlleuses. Elles sont très-assidues au Spectacle, d'où elles ne sortent qu'avec le souvenir pernicieux des maximes qu'elles y ont entendû débiter. Les Romans sont leurs Livres chéris : ils flatent leur goût, &

& font couler doucement dans leurs cœurs un venin mortel. D'ailleurs le charme du repas, & la liberté qu'elles ont, concourent à la perte de leur honneur.

Voila les fources où trouve fon principe le défordre de ces Dames, leur vie eft un enchaînement de divertiffemens fucceffifs : le jour elles font les Nymphes fur le Boulevard, au Cours la Reine, au bois de Boulogne, & le foir elles étalent une figure de poupée fur quelque Théâtre. Que cette conduite, mes Dames, eft déméritante, furtout en vous, qui devriez fervir de modéle ! fi vous étiez auffi portées à acquérir la fageffe, que vous l'êtes à faire tomber à vos pieds ceux qui ont fçu vous charmer, combien ne feriez-vous pas heureufes ? Vos jours feroient beaux & ferains ; les plaifirs qui perfectionnent la raifon, répandroient leurs douceurs dans vos cœurs : c'eft alors que vous vous montreriez avec un éclat aimable ; vous ne cefferiez point d'embellir & de paroître avec de nouvelles graces.

La Ducheffe de * ... fut dernierement bien furprife de la délicateffe & de la vertu d'un Seigneur Bordelois. Ils étoient à un jardin, dans un cabinet de feuillage qui étoit hors la portée des oreilles. La Ducheffe lui dit, en lui ferrant la main, vous êtes mon Favori, je vous fais Roi de mon cœur : je ne fçaurois, Madame, répondit le Bordelois, me rendre maî-

* ...

tre d'un ſi précieux domaine : la Religion & l'honneur vous défendent de me l'offrir, & à moi de l'accepter. Vous êtes engagée dans les liens reſpectables du Mariage, voudriez-vous manquer de fidélité à votre cher époux, & vous égarer de la route des heureux ? Je ſuis trop votre ami pour porter atteinte à la pureté qui doit régner dans vos mœurs. Ce fut ainſi que ce brave Bordelois détourna de ſa tête l'orage ; il ſe défendit avec les armes de la raiſon, qui le rendirent victorieux.

Ce qui fait que la plupart des mariages ſont à Paris ſi mal aſſortis, c'eſt parce qu'ils ne ſe font pas par eſtime ni par goût : ce n'eſt que l'intérêt qui préſide à ces démarches ſolemnelles.

D'où vient que loin de rencontrer dans l'Hymen l'union & la paix, on n'y trouve que des divisions. Un homme aime bien peu une femme en qui il ne trouve rien d'aimable que ses richesses; il la quitte ordinairement, & va faire sa cour à des beautés complaisantes. Sa Femme de son côté ne rougit pas de commettre un crime couronné par l'exemple de ce perfide; elle va étaler dans le public le frivole trésor de ses charmes; un Théâtre & des Spectateurs sont procurés à ses desirs, les airs enjoués, les petites mines, les rubans, les mouches, rien n'est oublié pour se faire aimer.

Quoique cette personne ne cherche que les avantures de l'amour, elle veut faire l'honnête femme: aussitôt que la Parque lui a ravi ſon époux, elle paroît toute déſolée; on diroit qu'elle a perdu l'objet de ſa tendreſſe, qu'elle regardoit comme un riche préſent venu du Ciel: mais cette feinte douleur diſparoît bientôt, les ris & les plaiſirs reprennent leurs droits: peu de jours après le décès de ſon mari, les parans la remarient, le voiſinage retentit du concert de violons, de flutes, & l'Epouſe fleurie méne le branle à la danſe.

De ſemblables mœurs ne ſont-elles pas marquées au coin de la plus ſouveraine répréhenſion? Les Femmes à Paris n'ont que de la dureté; les infidélités qu'elles commettent, les rendent inſenſibles à ce qu'il y a de plus touchant: elles ne reſſemblent point au petit nombre de ces Femmes vertueuses, qui pleurent la mort de leurs maris au-delà du tems porté par les loix: rien n'étoit capable de diminuer l'amitié qu'elles leur portoient, leur fidélité à toute épreuve rejaillissoit comme l'eau des fontaines, la droiture & l'équité sont la régle de leur conduite.

Pour que les mariages soient heureux, ils doivent être fondés sur la tendresse, & non sur l'intérêt. C'est le cœur qui doit appeller par goût son épouse à l'état du mariage, & la raison doit l'y placer par estime. Ce seroit ainsi que la paix & le bonheur régneroient dans l'Hymen: on verroit le trône de la pudeur affermi, & les loix de l'honneur observées.

TITRE II.

De l'Accent & de plusieurs portraits.

LEs Parisiens ont une façon brillante de s'énoncer, leur accent est des plus beaux ; les Femmes en ont une haute idée ; aussi rient-elles de ceux qui ne l'ont pas. Un de leurs grands défauts est de s'estimer infiniment plus que les Dames de Province : il leur semble qu'elles soient stupides, grossiéres ; mais elles se trompent fort, car il est des Provinciales qui ont un mérite infini : elles joignent aux agrémens de l'esprit de belles manieres, le caractére de leur jugement est aussi estimable que celui du cœur.

Un Béarnois, homme de qualité, qui avoit demeuré long-tems à Paris, fut un jour à la Comédie Françoise; comme il voulut se divertir, il fit semblant d'être nouveau débarqué: dès que les Comédiens faisoient certains gestes, il rioit beaucoup: les Dames qui étoient à son côté, entrérent en conversation avec lui; le Béarnois affectoit un accent Provincial, & elles en faisoient un sujet de risée. Croyant d'avoir trouvé une occasion de divertissement, elles le prierent d'aller souper avec elles: il voulut bien y consentir; il se laissa conduire chez la Comtesse de *.... Pendant le repas elles l'engageoient à parler, & se disoient à l'oreille: voilà un plai-

*....

sant

ſant Sauvage ; il eſt lourd & peſant, ſon eſprit eſt d'une groſſiéreté inconcevable. Pour relever les plaiſirs de la table, & donner un nouveau ſel aux plaiſanteries, elles le ſollicitérent à chanter : allons, Monſieur, lui dirent-elles, il faut que vous nous honoriez d'une Chanſon de votre Pays, nous voudrions ſçavoir ſi elles ſont jolies. Le Béarnois ſe mit à chanter, & alors tout à coup on entendit une des plus belles voix qu'il y eût au monde. A ce chant les Dames s'entreregardérent, leur ſurpriſe fut des plus grandes. Après qu'il eut fini ſa chanſon, il reprit le fil de la converſation, mais ce fut alors qu'ils s'exprima avec dignité, tout ce qu'il diſoit ſembloit travaillé, & étoit embelli de cet accent que les Dames exigeoient. Il y avoit des Seigneurs qui étoient de cè repas, ils ne purent s'empêcher de faire son éloge : eh bien, mes Dames, dirent-ils, vous avez crû vous jouer de Monsieur, mais c'est Monsieur qui se joue de vous.

Les Dames de condition à Paris brillent dans ces cercles où se trouve réuni tout ce qui s'appelle la gloire du monde. Lorsqu'elles marchent, elles se font porter la queue, elles font résider dans le bout de leurs robes beaucoup d'honneur : elles aiment les nouveautés, aussi bien que le spectacle, & la conversation des jeunes gens : S'ils sont peu avantagés des biens de la Fortune, & qu'ils soient beaux, jolis, bien, faits, elles les pensionnent, & leur donnent par surabondance quelques louis de tems en tems.

Les filles de l'Opéra sont pernicieuses au-delà de toute expression, on risque fort d'être dupe de leurs artifices, si on n'est toujours en garde; leurs paroles choisies & étudiées ont très souvent le don de persuation: aussi voit-on les Petits-Maîtres, les Fermiers Généraux, & bien d'autres qui donnent dans les Piéges qu'on leur tend. Pour prix de leur conduite, ils ne retirent qu'un tribut d'infidelités; elles les ruinent quelquefois par les présens qu'elles en retirent, mais à la fin elles n'en sont pas plus riches; tout leur gain s'en est allé en rubans, en dentelles, en habits.

Ma plume va présentement changer de ton, & tracer d'autres portraits.

Le tems est rarement tempéré à Paris, il y fait grand froid, ou grand chaud; l'Hyver y est fort long, il est ordinairement composé de huit mois. La rigueur du froid y produit des fluxions de poitrine, aussi fréquentes que dangereuses; comme le bois y est cher, on ne se chauffe que peu.

Les gens du commun y vivent frugalement, ils ne donnent point de repas à leurs meilleurs amis. Bacchus ne répand point son parfum à leur table, ils ne boivent que de l'eau de la Seine. Les riches & les Seigneurs, au contraire, tiennent table ouverte, où la magnificence ne plaît pas moins que la propreté : un air de grandeur, un excès de délicatesse, un jeu immodéré, leur causent quelquefois la ruine.

Des gens de toutes parts arrivent tous les jours à Paris, comme les flots de la mer viennent poussés les uns sur les autres ; les deux tiers de ses habitans sont des Provinciaux, & le Parisien de naissance est presque toujours Provincial d'origine. S'il est un homme qui y fait fortune, il y en a mille qui y sont traversés, & qui y gémissent toute la vie sous le poids de l'indigence.

Un homme à Paris qui est mis avec distinction, peut s'insinuer dans les cercles les plus fleuris, sans que l'on s'informe qui il est : On ne s'attache qu'à ſon extérieur, tout le monde lui rit & l'honore : mais ceſſe-t'il de ſe montrer ſoûs ce déhors flateur, on le mépriſe infiniment ; & on ne ſçauroit l'accueillir fût-il d'un rare mérite. Ses amis même ſe feroient un deshonneur d'aller avec lui ; il eſt beaucoup de Laïques qui prennent le petit-collet, parce qu'on peut paſſer partout dans cette décoration, & il n'en coûte que peu.

Il eſt impoſſible de parvenir à Paris, ſi on n'a de beaux habits : auſſi eſt-il des gens qui tâchent de ne pas manquer de ce côté-là ; ils ſe donnent des habits de toute ſaiſon avec un ſeul habit qu'ils auront. A la fin de l'hyver, ils le vendent pour en acheter un de Printems ; celui de Printems pour en avoir un d'Eté, & ainſi du reſte. Lorſqu'ils ont à faire des viſites à des perſonnes diſtinguées, & qu'ils déſirent être plus propres qu'à l'ordinaire, ils louent à la Fripperie des habits riches & d'un goût excellent : il eſt beaucoup de Bourgeois & même de gens de qualité qui ſe pourvoient à la Fripperie par un motif d'œconomie.

Paris eſt l'aſſemblage du bon & du mauvais, c'eſt le centre du bon goût, & en même-tems le centre du ridicule. Les Dames dans ce Pays achétent chérement les Meſſieurs ; un homme qui n'a qu'une profeſſion, trouve ordinairement en mariage un parti conſidérable.

La Cour de Verſailles eſt la plus belle & la plus auguſte

qu'il y ait au monde ; les Courtisans y sont affables, & aussi doux que les agnaux. Mais sont-ils à Paris, ils se revanchent de bonne façon, on les voit hautains, pleins d'enflure, & brûlans de l'envie de dominer ; il en est quelques-uns qui ne différent de leurs équipages, que par la figure humaine.

Les Sçavans à Paris ne sont pas ceux qui parviennent le mieux : il y a des gens qui n'ayant d'autre science, que celle de joindre un zéro avec un chiffre, font des fortunes immenses, tandis que des Docteurs demeurent dans la poussiére. La Plupart des Financiers sont des gens qui sans sçavoir un mot de Latin, ont trouvé le secret de parvenir ; il y en a parmi eux beaucoup qui ont été Laquais. Idolâtres de la Fortune, ils ne cherchent nuit & jour que les moyens de rendre de plus en plus leurs maisons florissantes, de leur donner du lustre. La famine est peinte sur leur front, ils sont plongés dans une si profonde réverie, que quelques coups qu'on leur donne, on ne peut point les réveiller.

Les Académiciens n'habitent pas toujours le Parnasse, ils quittent souvent l'étude de l'Eloquence, leurs doigts se désarment du compas de Descartes, & de celui de Newton ; les jeunes beautés les attirent à leur cour. Dans la conversation ils sont libres & enjoués, on diroit qu'ils ſont faits pour la compagnie des Dames.

Pluſieurs Auteurs ſont redevables de leurs productions à la tranquilité de leur ſtomach, ils ſe réfugient au Parnaſſe pour ſe mettre à couvert de la faim qui les aſſiége. Le deſir de la gloire n'a en cela aucune part, il s'en faut bien que leur intention ſoit de faire reverdir la feuille du laurier d'Apollon qui eſt preſque fanée ; ils achétent ſur le Quay des Auguſtins des vieux Livres, ils y ajoutent quelques bagatelles, quelques frivoles, & les donnent au public : mais ils ont ſouvent le déſagrément de les voir tomber au ſortir de la preſſe, & aller aux Beurrieres.

Les enfans de famille font les beaux eſprits dans les Cafſés, ils rient, ils plaiſantent, ils prodiguent des hyperboles à la femme du Caffetier, afin d'avoir crédit chez eux. Pour ſe diſtinguer ils mettent quelquefois des Croix de S. Louis, & les Abbés des Croix de Chevaliers de Malthe.

Les Joueurs, qu'on appelle Pilliers d'Académie, ſont extrêmément ſuſpects: il en eſt pluſieurs qui ſont mariés, chargés de pluſieurs enfans, & ſans biens, cependant ils conduiſent ſi bien les choſes, qu'ils en gagnent au moins pour le néceſſaire.

Les Abbés Pariſiens frottent le coude avec le ſexe le plus brillant, on les voit attentifs à gagner ſes faveurs; leurs démarches ſont marquées au coin du déſordre, ils ſuivent le chemin fleuri, mais trompeur que le monde trace.

Ces Abbés sont d'une propreté enchantée, ils mettent de jolies manchettes, & des anneaux aux doigts; ils ont aussi des habits de soye, & quelquefois une mouche auprès de la lévre pour la rendre vermeille. Ces pieux errans prennent adroitement les belles pour développer ce qui se passe dans leur caractére; ils couvrent leurs discours sous des enveloppes ingénieuses, ils accumulent artifice sur artifice, & autant qu'ils sçavent les sonder, autant ils sçavent profiter de leur foible.

Lorsqu'un de ces Abbés aspire à quelque bénéfice, il suspend ses vices, & leur fait prendre le dehors de la vertu.

Il feint de tenir la route de l'empyrée, il se déchaine contre les grandeurs, il prêche la retraite au milieu des cercles, tout est artifice chez lui.

La promenade est du goût de ces Abbés, les Thuilleries sont leur département, où ils se montrent dans leurs beaux jours : les Moines aussi vont s'y promener, il en est plusieurs qui méritent des éloges, mais il en est beaucoup qui sont très déméritans. Ils parcourent les grandes allées, & donnent des coups d'œil gracieux aux Dames, ils y tiennent des discours qui ne sont pas à beaucoup près l'ouvrage de la réflexion. Comme ils aiment les mascarades, ils s'échappent quelquefois de leur Couvent pour aller danser au bal de l'Opéra, leurs supérieurs ont beau veiller à leur conduite, ils ne peuvent empêcher ces sorties.

Il seroit à souhaiter que tous les partisans de la joye se reprochassent d'eux-mêmes, & qu'ils brisassent le charme dont ils sont éblouis, ainsi que la Comtesse de * . . . dont je vais faire ci-après la Peinture, & dont la conversion occasionna celle de son mari.

La Comtesse dont je fais l'histoire, étoit d'une excellente beauté, la nature avoit versé sur elle à pleines mains ses dons les plus précieux, il sembloit qu'elle étoit une personne céleste tombée ici bas par miracle. Des dons si rares lui attirérent une Cour des plus grandes, une foule de Petits-

Maîtres alloient ſans ceſſe lui rendre des honneurs ; vivement pourſuivie, elle ſe prêta pendant dix ans, à une extrême complaiſance ; mais enfin la raiſon vint à ſon ſecours : d'un côté elle conſidéroit les écueils qu'elle rencontroit, d'un autre elle concevoit une idée des avantages qu'elle retireroit d'une ſage conduite. Elle auroit bien voulu ſe rendre, mais elle ne pouvoit ſe réſoudre à quitter ſes plaiſirs ; l'image de ſes favoris alloit exciter dans ſon eſprit ſes indiſcretes inclinations, & le troubler au milieu de ſes plus heureuſes réſolutions. Il s'élevoit alors un grand combat en elle, tantôt elle vouloit ſe livrer aux charmes de la vertu, tantôt les maximes du monde l'arrêtoient, & lui disputoient la victoire. Elle balança six mois à se déterminer; mais un jour étant seule dans sa chambre, elle se recueillit entierement en elle-même; ses réflexions peignirent à ses yeux ses forfaits avec des couleurs les plus vives, elle voyoit que ce qu'elle avoit fait, pouvoit lui faire perdre le poids d'une gloire immense. Ce spectacle la pénétra d'une si vive douleur, que ses yeux devinrent deux fontaines de larmes, & pendant qu'elle pleuroit amérement, il lui échappoit de tems en tems, quelque parole sur sa conduite. Son mari qui étoit alors dans une chambre contigue à la sienne, se mit à écouter ce qu'elle disoit, & après que

que sa voix ne se fit plus entendre, il alla s'enfermer dans sa chambre pour réfléchir. Ma femme, disoit-il, n'est pas à beaucoup près aussi coupable que moi, si elle a acquis le caractére d'infidélité & de perfidie, c'est parce que je lui ai donné l'exemple. Au lieu de lui être un trésor d'amitié, je n'ai eu pour elle qu'une pure indifférence; jouant à merveille le rôle de Petit-Maître, je l'ai laissée en guerre à ses passions, & lui ai préferé les filles de l'Opéra, à qui j'ai prodigué une partie de mes biens. Il n'est pas surprenant qu'elle soit tombée, puisque je l'ai poussée dans un chemin glissant, j'ai été la cause de son malheur, de même que du mien. Aussi mon cœur n'étoit jamais tranquille, il étoit toujours flétri au milieu des plaiſirs, il ne ſentoit pas cette paix merveilleuſe dont on vante les appas. Ce furent là les réflexions du Comte; comme ſon deſir étoit de devenir un Seigneur de la Cour Céleſte, il rompit les liens qui l'attachoient au monde; & croyant de travailler plus ſurement à ſon bonheur s'il étoit dans la retraite, il s'eſt retiré dans ſon Château de*... dont la ſituation eſt très-belle; car il regarde ſur de beaux jardins & des allés qui ſemblent n'avoir point de bout. Les unes ſombres, les autres découvertes: Pluſieurs Canaux d'une eau vive & claire les accompagnent juſqu'à l'entrée d'une agréable prairie. La vûe en eſt bornée par une forêt ſauvage, dont les arbres touſus & ſerrés s'élevent d'une ſi prodigieuſe hauteur, que le ſoleil en plein midi n'y rend qu'autant de clarté, qu'il faut pour ſe conduire. C'eſt là où le Comte a fixé ſon ſéjour; il fait des auſtérités ſes plaiſirs, les mets délicats, & les vins excellens ſont exilés de ſa table, le pain, l'eau, & les racines ſont toute ſa nourriture. Il eſt preſque toujours en converſation avec l'intelligence ſouveraine, l'humilité a pris la place de la fierté, la ſimplicité & la modeſtie régnent dans ſes habits, la libéralité n'a pour lui que des appas: en un mot il péſe tout au poids du ſanctuaire de la vertu, & s'applique à rendre le reste de sa vie un tissu de jours éclatans, pour devenir l'objet de la miséricorde du Ciel.

La Comtesse son épouse est à présent dans sa solitude de *... à cinquante lieues de Paris. Là elle passe la meilleure partie du tems dans le cabinet de son Auteur, avec qui elle s'entretient familierement. Ennemie de la superstition & des scrupules mal fondés, rien ne peut troubler la sérénité de l'esprit qu'elle a recouvrée, son cœur jouit d'un repos charmant. Quelques jours avant son départ, elle disoit, que je suis heureuse d'être revenue de mes folies! Je joignois l'or à l'éclat des pierreries, & composois de ma main les couleurs de mon visage. J'ai souhaité mille fois avoir dix mille livres de rente plus que je n'ai, afin de me donner deux chevaux de carosse de plus, & faire une plus belle figure. J'ai désiré mille fois être Duchesse; j'ai été enchantée des illusions de la Cour, il auroit mieux vallu pour moi avoir été dans une forêt. C'est à présent que je connois l'abus de tout cela, mes jours commencent à s'écouler agréablement, je traiterai sans ménagement mon corps, que j'ai voulu immortaliser à force de caresses. Mais que je plains mes amies, qui sont dans de perpétuels égaremens, le jeu, la danse, le spectacle, font leurs occupations; elles sont la proye des jeunes Seigneurs, qui sont presque tous débauchés à Paris. Je les plains encore une fois, si elles ne s'attachent à leur attrait, & si elles ne rompent pour toujours avec ces Petits-Maîtres.

Si on réfléchissoit murement sur la conversion de ces époux, on reviendroit de ses égaremens. Un mari auroit de la tendresse pour sa femme, & elle auroit pour lui un beau retour. Ils bâtiroient au fond de leur cœur un Temple à la Vertu, le désintéressement seroit leur partage, ils se réjouiroient & loueroient la Providence dans l'infélicité, comme dans le bonheur : & après avoir accompli la loi de Dieu, ils iroient au séjour de la paix. Là il n'y a point de joye folâtre, des Ris indécens & démesurés, des critiques, des équivoques. Les intrigues de la politique, les faux gages de probité, les noirs soucis n'y habitent jamais. La guerre qui se réjouit de pleurs, & triomphe lorsqu'elle s'abreuve de sang, n'en approche point, elle porte son théatre loin de ce lieu tranquille. Là on ne ressent point les ardeurs du Soleil, ni les rigueurs de l'Hyver, la tempête & le vent n'y souflent point, il n'y a que sérénité, charmes, & délices. Là les habitans célébrent la victoire qu'ils ont remportée sur le monde, la chair, & le pere du mensonge. Ce sont autant de Rois, qui chantent tous ensemble les merveilles & les miséricordes de Dieu, qui les a couronnés.

Quoique les uns ſoient élevés au-deſſus des autres, ils ſont tous parfaitement contens, ils partagent entre eux leur gloire & leur félicité; leurs déſirs ſont remplis avec tant de plénitude, qu'il ne leur reſte rien plus à déſirer. Là ils ſont plus beaux que les aſtres du Matin; la ſcience de toutes choſes leur eſt donnée. Ils voyent Dieu, non pas ſous des ſignes obſcurs & ſous des figures, mais clairement & à découvert; & en le voyant, ils voyent la beauté même, & la ſource de toutes les beautés qui ſont dans l'Univers. Ils l'aiment ſans meſure, le poſſédent ſans jamais le perdre, & ſe trouvent intimement unis au ſouverain bien.

Le

Il ne faut pas s'imaginer que le séjour de la paix soit loin de nous, il est partout, parce que Dieu est immense. La félicité parfaite consiste à voir Dieu, à l'aimer, & à être aimé de lui.

TITRE III.

De la Mode.

IL n'est point de ville dans le monde où la mode ait autant de pouvoir qu'à Paris. Les plus âgés se font propres & galans, ils se coeffent avec des perruques blondes, afin de faire briller sur leurs visages l'amour & la joye; ils se persuadent qu'une Belle les trouvera rajeunis sous cette parure magnifique.

On ne sçauroit exprimer la

passion que les femmes à Paris ont pour la Mode ; quand leurs garderobes seroient des mieux fournies, dès que la mode change, il faut avoir des robes nouvelles. Rien ne leur coute pour ces sortes d'acquisitions, elles veulent briller à quelque prix que ce soit, leur intention est de plaire à elles-mêmes, & encore plus aux autres.

Une Parisienne auroit moins de peine à rester deux mois enfermée chez elle, qu'à paroître un instant en public sans être parée. Comme l'orgueil est le premier attribut de son caractére, elle se croiroit deshonorée, si elle n'avoit les ornemens de la parure. Aussi avant de sortir de sa toilette, examine-t-elle si sa robe est rangée sous les loix de la bonne grace, si ses cheveux ont des agrémens. Elle regarde une joue; elle est colorée & embellie, dit-elle, à sa Femme de Chambre, l'artifice y fait un effet merveilleux. Ensuite elle examine l'autre, celle-cy n'est pas de mon goût, le rouge n'y est pas bien mis, je vous recommande de l'appliquer avec délicatesse. Après que cettte joue a reçue tous les dégrés de beauté que l'art peut donner, la Belle étudie à une glace ses regards & son attitude, elle compose des revérences, & leur donne un air de grandeur.

La Mode veut encore à Paris que les femmes étudient des tours d'esprit, elles apprénent de tems en tems quelques phrases ingénieuses; & lorsqu'elles les débitent, c'est avec des manieres gracieuses, capables de leur donner des reliefs. C'est à la faveur de tout cela, qu'elles espérent de devenir Reines des volontés. Les situations qu'elles risquent, ne laissent pas d'avoir du succès, il se trouve des gens qui se rendent à leurs amorces. Cependant ils se piquent d'avoir beaucop d'esprit, & de réfléchir murement. Mais est-ce avoir de l'esprit de se livrer à un vice qui ouvre la porte à tous les crimes, d'échouer contre le plus fameux écueil, de préférer les remords aux plaisirs de la paix, de s'écarter du chemin qui méne à la Cour Céleste? Ce n'est pas en se comportant ainsi qu'on doit croire mériter le titre de bel esprit ; un homme qui est doué de cet avantage, prend la raison pour régle de son cœur, il voit que c'est du sérieux, il s'agit du salut qui est le seul nécessaire ; aussi travaille-t-il à se rendre véritablement heureux : il se conduit sans bigoterie, sans superstition, il est attentif à accorder l'esprit & le cœur, à les pacifier : ce n'est pas qu'il doive être sans passions, il suffit qu'il soit homme pour qu'il en ait : mais c'est qu'il en doit triompher. Les premiers pas qu'on fait pour acquérir la vertu, sont difficiles, mais aussi quand on a remporté une premiere victoire, on parvient à une seconde, cette seconde conduit à une troisiéme, & en peu de tems on se voit maître de soi-même, & alors on jouit de la paix.

Je retombe sur le compte des Parisiennes: les Romans sont parmi elles fort à la mode, les Colporteurs ont soin de les en fournir. Comme elles croyent avoir de plus grands attraits, elles les apportent aux Thuilleries, & au Luxembourg, elles les regardent comme un ornement capable d'augmenter leur réputation. Les présens sont pour elles d'un goût charmant: les tabatieres, les dentelles, les rubans sont encore à la mode. Ah! le galant homme, dit une de ces Dames à son nouvel amant, vous êtes d'un mérite distingué, vous joignez à une phisionomie heureuse, un esprit aussi grand que judicieux; je dois vous le dire, je vous estime infiniment parce que vous le méritez, vous portez sur votre front les caractéres les moins équivoques d'un homme généreux. C'est ainsi qu'en distribuant de l'encens par ce discours flateur, on se laisse endormir; on ouvre la porte aux présens, on est forcé de continuer, en s'endette, & on se ruine.

La Mode à Paris est de se refuser à la régle de la verité, & de se conduire par déguisement, politique, & perfidie. De bruler de la soif de l'or, & de mettre son ame à prix pour se le procurer. On use de toutes les feintes, de toutes les subtilités, pour arriver à de nobles employs, à des postes d'honneur. On Bâtit des Châteaux en Espagne, on passe en tremblant les matinées dans des anti-chambres, on fait milles bassesses; & qu'arrive-t-il souvent de tout cela, c'est qu'un homme aura passé presque toute sa vie à faire des projets sans que pas un lui ait réussi : il employe ses derniers momens à se plaindre, & à regretter le tems qu'il a si mal employé.

A l'égard des ouvrages d'esprit, on préfere toujours les plus nouveaux, & surtout ceux qui ont un air de singularité; c'est-à-dire, des ouvrages où il n'y a point des *car*, des *mais*, ni des *&*; où les phrases sont coupées, où les tours manquent de clarté. Voilà encore ce qu'exige la Mode, elle étend ainsi depuis quelque tems son empire ſur le Parnaſſe. Tout le monde à Paris veut avoir de l'eſprit ; il eſt tel homme qui ne ſçaura point lire, qui juge du mérite des Livres, & critique les Prédicateurs. Pour faire le Philoſophe, il ſoutiendra que la Lune eſt la cauſe du flux & du reflux de la Mer ; que la Terre tourne, & que le Soleil eſt immobile. Les jeunes gens dans les Caffés, dans les Auberges, diſcourent ſur des matieres qui ſont au-delà de leur portée, & qu'ils n'ont jamais étudiées. Leurs diſcours ſont des plus pitoyables ; ils battent la campagne, ils enjambent queſtion ſur queſtion, & diſent des choſes qui n'ont aucun rapport à l'objet principal. On ne voit pas en eux cette douceur, cette condeſcendance, cet amour de céder, qui rendent aimable. Mais ils ſoutiennent leurs ſentimens avec feu, ils ſe déchaînent les uns contre les autres, & ils s'échauffent ſouvent au point, que de mettre l'épée à la main.

La Galanterie, ſous les auſpices de la Mode, a porté ſon théâtre chez les Abbés Pariſiens. Les Bénéficiers & les Riches partagent leurs revenus avec les Belles, & leur donnent des équipages. Toujours friſés, poudrés, galans, ils s'étudient à leur plaire ; le rabat eſt mis à terre fort ſouvent, ils endoſſent des habits galonnés, & vont, l'épée au côté, à la Comédie & à l'Opera. Ceux, dont les facultés ſont bornées, ne laiſſent pas encore de divertir leurs Maitreſſes; ils les font venir chez eux sous le nom de parantes, & les régalent de colifichets, de confitures, de friandises, de vins, de liqueurs. Loin d'aller où le devoir les appelle, ils suivent de point en point toutes les maximes du siécle.

Les Parisiens ne considérent les gens qu'en vûe de leur fortune, les biens sont la clé de leur estime. Ils mesurent l'esprit, la science, & le mérite au Louis d'or. Ce peuple est fad, glorieux, inconstant, léger, amateur des nouveautés.

Les Sciences servent beaucoup pour délivrer la raison du joug qui la tient en esclavage, on devroit s'y appliquer sérieusement; mais la plupart des Riches & des nobles à Paris ne donnent point dans ce parti salutaire, & cela pour obéir à la Mode. Ils ne sont occupés que du soin de leurs frisures, de fréquenter les promenades, de chanter, de siffler, de danser, de passer la nuit au jeu & à la débauche

L'amour du bonheur devroit engager tous les hommes à faire des réflexions sur leur conduite, & a s'addonner à l'étude des choses Célestes ; ce seroit là des moyens d'acquérir la sagesse; ils apprendroient que les plus agréables à Dieu, sont ceux qui ont du goût pour la pureté, & déclarent la guerre aux inclinations de la nature. Qu'il ne faut point souhaiter les honneurs ni les biens, que ces desirs importuns troublent le repos & la sérénité de l'esprit; que la satisfaction vaut plus que tous les trésors de l'Univers. Ils apprendroient qu'il n'y a point de gloire dans le monde, que la Noblesse est une chimére ; que ces grandeurs, ces distinctions qui régnent dans les Cours, passent comme un vent, & ne sont qu'illusion. Qu'un Maître ne doit pas se croire plus que son Domestique, puisque la mort rend tous les hommes égaux. Un Empereur & un Général d'armée ne sontpas plus qu'un Savetier & qu'un Laquais, quand ils sont tous quatre couchés sous la terre. En un mot, ils apprendroient qu'ils sont tenus de suivre le bien de la raison sans lequel ils ne sont pas hommes ; qu'ils doivent adresser toutes leurs actions à leurs fins légitimes, & à la gloire de leur

Auteur, pour lequel ils ont été faits. Ce seroit ainsi qu'ils seroient excités à concevoir de l'amour pour la sagesse. L'Esprit donneroit la loy au corps, & le corps la recevroit avec docilité. Le désintéressement, qui est un charme dans la vie, auroit pour eux des attraits. Les Riches se feroient un plaisir de donner, les Maîtres traiteroient avec douceur leurs sujets, les Nobles ne mépriseroient pas les Roturiers, les grands serviroient de beaux modéles, & ne donneroient pas, comme ils font, de mauvais exemples. Ce seroit alors qu'ils seroient tous estimés des honnêtes gens; les louanges qu'ils recevroient de leur part, ne seroient que comme un écho de celles que Dieu leur donneroit en même-tems : ils iroient au séjour de la paix par un chemin parsemé de roses.

TITRE IV.

Des Petits-Maîtres.

LES Petits-Maîtres font des agrémens des Dames leur félicité ; ils les suivent au Bal, à la Comédie, au Luxembourg, aux Thuilleries, au Cours-la-Reine, & au bois de Boulogne.

Ces Héros de la galanterie tâchent de se donner des appas ; croyant d'embellir leurs visages, ils les lavent d'une liqueur distillée, & d'une eau délicate. Ils se procurent, s'il leur en faut, des mollets de ambe, & des tours de cheveux postiches. Comme ils veulent passer pour des gens de mérite, ils s'appliquent à inventer des modes, ils regardent ces inventions comme des exploits dignes d'être enregistrés par une plume d'or.

Lorsqu'ils ont quelque chose de curieux à montrer, qui puisse leur attirer les louanges des belles, ils vont au spectacle. Là ils examinent les Dames à la faveur des lorgnettes, ce sont eux qui observent leur parure, & décident de leur caractére. Celle que nous examinons présentement, disent-ils, est fort bien mise, elle est jolie, & a l'air spirituel. Sa voisine, poursuivent-ils, a des intrigues galantes; sa robe auroit été ce matin charmante,

& de bon goût, mais à présent elle est des plus désagréables, parce que la mode a changé depuis midi. Voilà à peu près l'entretien ordinaire des Petits-Maîtres, il n'est pas une femme qui ne passe en revûe devant eux.

Le Spectacle est l'écueil de la jeunesse, outre les fréquentes occasions qu'on y trouve, les discours des Comédiens gâtent l'esprit, & corrompent le cœur. Lorsqu'un Petit-Maître y voit une Belle, dont il envie la conquête, il tâche de faire connoissance. Peu de jours se passent sans lui expliquer ses intentions; s'il trouve une certaine résistance, il se rebute, s'il vient à la réduire, il la quitte bien-tôt après.

Les occupations du Petit-Maître ſont des plus ſérieuſes ; il ſe préſente parfumé d'eſſenſe de jaſmin auprès des Dames, il leur prodigue les noms d'Aurore & du Soleil ; il met tout en uſage pour les divertir ; il prend un Livre déffendu, & en lit quelques pages tout haut ; lorſqu'il trouve un mot indiſcret, un tour galant, une ſaillie folle, toute la compagnie en rit. Pour varier les plaiſirs trompeurs, le Petit-Maître quitte cette lecture frivole, il prend un Violon, & joue quelques beaux menuets. Tantôt il chante, il danſe, il rit, il badine, mord la levre, ramage trois ou quatre mots. Tantôt il parle de feſtins, de balets, de politique, d'artifice, de dignité, de grandeur, de gloire. Quelque fois il publie ſes avantures, il découvre les ſecrets les plus odieux. Une autrefois il fait l'homme d'eſprit, il peint ſes talens, ſon mérite, pour quelques phraſes jolies qu'il ſçait il ſe croit l'homme de France le plus ſçavant.

Le Petit-Maître n'a d'autre objet que de multiplier ſes exploits amoureux, il députe un Courrier pour Paris, afin de lui procurer des beautés par l'appas des richeſſes. D'abord que celui-ci en a ſéduit quelqu'une, il va en inſtruire ſon maître, qui ſe réjouit de cette nouvelle: en même-tems il fait atteler ſes courſiers, il entre dans ſon caroſſe peint de mille couleurs, pour aller voir l'objet dont on lui à fait le portrait.

Le déſordre du Petit-Maître va jusqu'à un point incompréhensible. Quelque Expert que soit son Valet-de-Chambre pour le coeffer, il ne s'en contente pas, il se fait souvent accommoder par un des plus habiles Perruquiers de Paris, ou du moins qui jouit de cette réputation. Les Dames de condition aussi font construire par un excellent Ouvrier, l'édifice de leurs cheveux les grandes fêtes : & quand un Ambassadeur fait son entrée à Versailles. Ce que j'ai dit, & ce que je dirai sur leur compte, ne doit point influer sur le particulier ; je n'entends combattre que le général ; je sçai qu'il y a parmi elles des astres, les plus illustres & les plus rares vertus sont tracées dans leurs ames.

Je reviens au Petit-Maître. Le talent de se multiplier & de se produire partout lui est réservé; sa curiosité le met toujours en mouvement, il veut sçavoir tout ce qui se passe au dedans & au déhors : aussi le voit-on dans toutes les assemblées publiques, où il se produit d'une maniere surprenante. Va-t-on au Palais Royal, aux Thuilleries, on l'y trouve. Va-t-on au Luxembourg, au Jardin du Roi, on l'y rencontre également. Sçait-il qu'il y ait des bals aux quatre extrémités de Paris, il trouve aussi le secret de s'y rendre; cela ne l'empêchera pourtant pas d'aller à la Comédie, & à l'Opéra; il divise si bien les instans, il partage son tems avec un art si merveilleux, qu'il se produit partout ; il est un peu de tems dans un endroit, & un peu dans un autre. Enfin il se multiplie d'une façon surprenante, son esprit léger ne lui permet point de rester tranquille.

La métamorphose est encore du ressort du Petit-Maître, il change deux ou trois fois le jour d'habits de différentes couleurs, & toujours d'un goût galant. Il fait ajuster ses cheveux dans des goûts variés & badins. Il a aussi l'attention d'avoir des équipages rians, ses coursiers sont ornés de rubans & de guirlandes, afin d'anoncer la galanterie de leur Maître.

Le Palais Royal est le rendez-vous des Petits-Maîtres, on les y voit gays, joyeux, ils médisent de tous les objets qui ſe préſentent à leurs yeux. Voilà, dit l'un, la Marquiſe avec le Comte, je ſuis perſuadé qu'il y a entre eux de l'intrigue ; mais elle ne ſubſiſtera pas longtems, le Comte eſt des plus volages. Il étoit mardi à l'Opéra, il y battit la caiſſe, & au ſecond coup de baguette, il ſe trouva au milieu de dix Actrices. Un autre s'écrie, ha, que la Ducheſſe eſt magnifique! ſa robe eſt d'un grand goût ; ma foi elle veut bien ſe faire des amans : mais que dis-je, il n'eſt pas une Dame ici qui ne ſoit piquée d'un ſemblable deſir, elles ſont toutes à l'envi à qui gagnera plus de cœurs : le teint artificiel, la parure étudiée, l'air ſolâtre qu'elles ont, ſont des preuves de ce que je dis. C'eſt ainſi que les Petits-

Maîtres critiquent la sagesse des Dames ; ils englobent les plus modestes dans leurs arrêts, & les condamnent sans retour.

Tout le monde sçait que le déguisement est le talent du Petit-Maître ; il trahit sans cesse les sentimens de son cœur, l'yronie est chez lui en usage. Il y a un mois ou environ qu'un Petit-Maître trouva aux Thuilleries en belle compagnie la Marquise de *.... dont il se disoit bon ami ; comme elle étoit dans un âge fort avancé, & dépourvûe de graces, il se mit à lui dire, Madame, vous avez un air de fraîcheur, & un teint charmant ; on diroit à vous voir que vous n'avez pas plus de quinze ans,

*...

une jeunesse vive & féconde en plaisirs est peinte sur votre visage : mais ce qui me charme davantage, c'est de voir vos belles dents, elles sont plus blanches que l'albastre. Voila un coup sensible pour la Marquise, elle devint toute interdite, & ne sçut que répondre. à ce discours moqueur. Elle avoit plus de quatre - vingt ans, & son visage étoit tout ridé; elle n'avoit d'ailleurs aucunes dents, il y avoit longtems qu'elle les avoit perdues. Ce qui la fachoit le plus, c'étoit par rapport à la compagnie, qui ne laissa pas de prendre plaisir.

Le Petit-Maître est animé du desir de briller, si on l'en croit c'est un esprit fin & délié, un homme qui posséde les richesses du génie, les trésors de la raison. Et comme il croit que pour jouir de cette réputation, il est à propos de faire éclater ses lumieres, il s'érige en Censeur. Lorsqu'il apprend qu'un fameux Prédicateur doit prêcher, il se rend à l'Eglise pour le critiquer, il dit à ceux qui sont près de lui, qu'il n'a point le talent de la composition, son discours n'est pas coulant ni fleuri, les ornemens & les graces de l'art ne s'y trouvent point.

Le Petit-Maître est un homme qui ne sçait qu'un certain nombre de phrases, il en sçait entre'autres deux spirituelles, qui sont la clé de toutes les décisions; à leur faveur il résout toutes les questions qu'on lui fait, voici qu'elles ſont ces phraſes qui ont tant de pouvoir.

Ce n'eſt pas douteux,
c'eſt tout ſimple.

Un homme doit-il remplir ſon cabinet de tableaux qui n'ont point de nobleſſe de compoſition, préferer les colifichets des Lancrets & des Vateaux, aux ouvrages parfaits des Raphaels & des Titiens, des Tintorets & des Carraches? Le Petit-Maître vous répondra

Ce n'eſt pas douteux,
c'eſt tout ſimple.

Un autre doit-il condamner, ſans les avoir jamais lûs, les Zénons, les Arioſtes, les Zénophonts, les Démoſténes; regarder comme des diſeurs de rien les Pythagores, les Ariſtotes, les Socrates, les Platons, les Gassendis, les Malebranches? Il répondra encore

Ce n'est pas douteux,
c'est tout simple.

Un Petit-Maître doit-il mettre au rang des génies médiocres les Patrus, les Fenelons, les Bossuets, les Bourdaloues? Avoir une espéce de mépris pour les Racines, les Despréaux, parce qu'ils commencent à sentir le vieux tems? Faire consister le caractére de l'esprit dans un assemblage de paroles, qui ne rendent que des sons.

Ce n'est pas douteux,
c'est tout simple.

Doit-il avoir en aversion l'étude des Belles Lettres? Employer son tems aux Ballets, aux Mascarades, aux Comédies, aux promenades? Ennuyer tous ceux qui l'écoutent du récit de ses avantures ? Se croire un bel esprit ?

Ce n'est pas douteux,
c'est tout simple.

Un Petit-Maître doit-il rêver sur la mode, casser à ce sujet, la cervelle des Tailleurs ? Etre un fad ? Aller à l'Opéra pour y battre la caisse, & attrouper les filles ? Passer la nuit dans la débauche, & ne se retirer qu'à six heures du matin ?

Ce n'est pas douteux,
c'est tout simple.

Doit-il faire des pensions à ses maitresses, leur donner des équipages ? Avoir des habits galonnés en plein, & des carosses superbes ? Dépenser par an vingt mille écus plus que son revenu ? Contracter une infinité de dettes, & ne payer jamais ? Il répondra encore & toujours sans se lasser

Ce n'est pas douteux,
c'est tout simple.

Le Petit-Maître met toute sa gloire à persécuter la vertu, il lui fait sans cesse la guerre, il invite tous ceux qu'il connoit à se plonger dans sa débauche. Un Comte Polonois, dont la sagesse présidoit aux démarches, fit, il y a quelque tems, un voyage à Paris pour en considérer la beauté & la magnificence : pendant qu'il y goûtoit les douceurs innocentes d'un divertissement complet, il fit connoissance avec le Marquis de * . . . qui étoit un Petit-Maître des plus caractérisés ; il fut un jour pour dîner chez lui, il étoit une heure après midi lorſqu'il y arriva. Vous voilà donc, Comte, lui dit le Marquis, en l'appercevant, je ne fais que de me lever, j'étois au bal de l'Opéra avec la ducheſſe de *.... & je ne me ſuis retiré que ce matin. Ma foi c'eſt une aſſemblée qui fournit d'honnêtes femmes, à la faveur des maſques on ſe donne bien des libertés. Vous ruinez votre ſanté, répondit le Comte, mais vous regretterez un jour de l'avoir prodiguée, c'eſt un tréſor d'un prix ineſtimable. Que voulez-vous cher Polonois, répondit le Marquis, mes réflexions ne ſont pas auſſi profondes que les votres, je me laiſſe aller à mes inclinations. Vous n'y penſez pas, répondit le Comte, de

*...

mener une ſemblable vie, il devroit y avoir un peu de Philoſophie dans votre conduite. Vous me ſurprenez, repliqua le Marquis, je ne vous croyois pas, à beaucoup près, dévot, mais je vous conſeille de marcher ſur mes traces. Il ſeroit mal aiſé, continua-t-il, de trouver à Paris des gens qui penſent comme vous, preſque tous donnent dans le parti qui favoriſe leurs deſirs. En finiſſant ces mots, il donna ordre de ſervir à diner, il fut exactement obéi, & un moment après on ſe mit à table. La chére étoit magnifique, & les mets fins & délicats. Le Marquis pendant le repas fit rouler la converſation ſur la galanterie des jeunes Conſeillers au Parlement, qui ſont plus aſſidus aux ſpectacles qu'aux ſermons; & ont plus de goût pour lire les Romans que le Digeſte & le Code. Certains Prélats ne furent point épargnés, il traça leurs portraits, & fit voir qu'ils étoient indignes de porter leur auguſte caractére. Il n'oublia pas non plus les Académiciens dont il parla très-déſavantageuſement, enſuite il pria le Comte de lui faire l'honneur d'aller avec lui pendant la journée. Le Comte auroit bien voulu éluder la demande, mais il fut victime de ſa politeſſe, il eut la complaiſance de le ſuivre, le Petit-Maître l'amena chez la Préſidente de *... ils y trouvérent un beau cercle de Dames; après quelques révérences, &

*...

quelques coups d'œil de part & d'autre, le Petit-Maître leur dit, voici, mes Dames, un Seigneur Polonois que je vous présente, c'est un homme pieux, sa façon de vivre est extrémement éloignée de la mienne. Ah, la chose extraordinaire! dirent les Dames, d'un air surpris, se peut-il bien que Monsieur se conduise avec tant de délicatesse, voilà un exemple bien rare: en même-tems elles lui firent un souris plein de graces, & se mirent à chanter un Opéra. Après quoi le Petit-Maître sortit précipitamment avec le Comte; dès qu'ils furent dans le carosse, il lui demanda ce qu'il pensoit de ces Dames, elles ne me paroissent pas des plus modestes, répondit le Comte, le langage indiſcret qu'elles ont tenu me fournit une réflexion ſatyrique ſur leur conduite. Vous donnez dans le vrai, répondit le Petit-Maître, elles ont de la complaiſance & de l'intrigue. Je ne croyois pourtant pas, répliqua le Comte, que telles fuſſent dans votre Pays les mœurs des Dames de qualité, je m'étois figuré qu'elles étoient d'un autre caractére. Vous vous trompiez fort, répliqua le Petit-Maître, elles n'ont d'autre loi que celle que le goût dicte: leur ame ſe laiſſe éblouir par le feu brillant du monde, leurs cœurs ſont ſi épris de l'amour des richeſſes, qu'elles ſont prêtes à périr pour ſe les procurer. Il n'en eſt pas une à la Cour qui ne deſire ardemment ſéduire la vertu du

Prince, comptez, Monſieur, là-deſſus ſur ma Parole.

Le Petit-Maître n'eut pas plutôt fini cette inſtruction, qu'il arriva chez la Ducheſſe de *.... auſſi-tôt une nouvelle gayeté ſe répandit ſur ſon viſage, tout reſſentoit en lui l'enjoué, & le débauché. Bonjour, belle Ducheſſe, lui dit-il, je viens ici pour avoir le plaiſir de vous voir, votre ſanté me paroît brillante, je ſuis charmé qu'elle ſe ſoutienne toujours dans ſa perfection. Eh bien que nous compterez-vous de nouveau? Y a-t-il longtems que vous n'avez vû le Marêchal de **...? J'étois Dimanche à la Comédie Italienne avec lui, nous parlâmes

*...

**...

beaucoup ſur votre compte, je lui dis que je concevois de l'inclination pour vous, il ne me parut pas fâché de ce que je lui avouai; je penſe que c'eſt un volage. A peine eut-il fini ce diſcours qu'il n'attendit pas qu'on lui fit aucune réponſe, il s'adreſſa à la Comteſſe de *.... Vous voilà donc, s'écria-t-il, chere Comteſſe, je me réjouis de vous voir, nous danſerons s'il vous plaît un menuet, car il y a long-tems que je n'ai pas eu l'honneur de mener un branle avec vous. Cela ne ſe peut pas, répondit la Comteſſe, puiſque nous n'avons ni flute, ni violon, ni aucun autre inſtrument. Que celà ne vous embarraſſe pas, repliqua-t-il, je ſçais bien ſiffler, & cela nous tiendra lieu d'un violon. Auſſitôt il entonna un air, il ſiffla mélodieuſement & avec affectation, & ils danſérent. Après cette belle opération, le Petit-Maître remercia la Comteſſe de ſes complaiſances, il la paya de trois ou quatre regards flâteurs, & puis il ſe retira ; il amena le Comte au Palais Royal, ils n'y trouvérent preſque perſonne ; allons aux Thuilleries, nous aurons le plaiſir de voir beaucoup de monde. Il fallut encore obéir ; en y arrivant le Soleil étoit couché dans une nuë tranſparente, & peignoit le Ciel d'une infinité de couleurs, & cette lumiere rendoit les Thuilleries toutes riantes. Comme ils paſſoient par la grande allée, il y avoit des Dames aſſiſes qui lorgnoient,

& se donnoient des secousses. Le Comte demanda au Petit-Maître pourquoi elles faisoient ce manége; ces Dames que vous voyez, lui répondit-il, critiquent la parure de cette femme qui marche devant nous, vous devez sçavoir, Monsieur, continua-t-il, que les Dames ici ne s'entretiennent que de robes, de coeffures, de dentelles, de rubans, de mouches, voilà leur sérieuse conversation. La Lorgnette est fort à la mode parmi elles, elles sont très curieuses, & desirent voir de loin. En finissant cette instruction, & entrant dans une autre allée, le Comte apperçut une Dame qui marchoit sur le gazon avec un Livre à la main, tantôt elle minaudoit agréablement avec ce Livre, tantôt elle sembloit le Livre attentivement. Il pria le Petit-Maître de lui dire pourquoi cette Dame agissoit de cette façon, c'est pour attirer sur elle, répondit-il, les yeux de ceux qui se proménent, elle tient en main un Roman. Les Histoires Galantes, ajouta-t-il, sont de leur goût, elles apprennent les intrigues des autres pour régler les leurs. Dans ce moment il passa deux Abbés qui les saluerent; le Petit-Maître dit au Comte, le plus jeune de ces Abbés qui n'a que la Tonsure, est sur le point de jetter le froc aux orties; il n'avoit pris le petit-collet, que parce qu'on lui avoit donné un Bénéfice. L'autre est pour le moins aussi débordé que nos

Académiciens;

Académiciens ; un matin que je me retirois, je le trouvai sur le Pont-Neuf, il me dit qu'il venoit d'un bal, qui s'étoit donné au Fauxbourg saint Germain. Cependant l'envie prit au Petit-Maître de se reposer, il fut s'asséoir avec le Comte sous un agréable feuillage. Là voulant se distinguer par son génie, il entamea un sentiment Philosophique qu'il sçavoit depuis long-tems. Rien n'auroit eû d'action dans le monde, disoit-il, si le Créateur n'avoit mis au Firmament le Soleil pour remuer toutes les choses crées par son mouvement continuel ; il soutenoit aussi que la Nature tomberoit en soudaine paralysie, si cet astre devenoit immobile. Mais, Monsieur, lui répondit le Comte, l'armée des Hebreux combattoit avec force contre les Mohabites, dans le tems que le Soleil fut arrêté dans sa course par le commandement de Josué; ma foi, repartit-il, je n'en sçai rien, c'est pousser la matiere un peu trop loin, changeons, je vous prie, de thése; qu'est-ce que vous dites de notre ame? Est-elle spirituelle ou matérielle? Elle est spirituelle, répondit le Comte, & on n'en peut douter sans crime. Pour moi, répliqua le Petit-Maître, je n'allambique pas ordinairement mon esprit de ces choses, néamoins je serois bien aise de sçavoir votre sentiment là-dessus. Je vous dirai donc, Monsieur, reprit le Comte, que l'ame est une substance spirituelle, qui existe indépendemment du corps. Je demande à moi-même si je suis dans la joye, ou dans la tristesse, & je me rends compte de la situation où je me trouve. Je sçai distinguer le plaisir d'avec la douleur, la joye d'avec la tristesse; cette connoissance, ce discernement, cette distinction, sont des qualités spirituelles; elles ne sont point dans le corps, parce qu'elles peuvent être sans lui. Un Soldat à qui on a coupé autrefois le pied ou la main, rapporte un sentiment de douleur à ce pied ou à cette main qu'il n'a pas; ainsi la douleur & la connoissance de la douleur peuvent être sans le corps, & par une suite nécessaire, il faut qu'elles soient dans une substance spirituelle, qui existe indépendemment de lui

On voit évidemment, continua-t-il, que l'ame est spirituelle, ses opérations sont toutes sublimes ; elle pense, elle assemble ses pensées, & en tire de justes conséquences. Elle raisonne sur ce qui n'est point matiere, & qui ne tombe point sous les sens. Elle a l'idée de Dieu & de ses divins attributs; elle a une connoissance d'elle-même, de ses pensées, & des vertus humaines. Elle connoît la force des termes, l'égalité ou l'inégalité des raisons ; elle se rappelle le passé, & prévoit l'avenir ; elle fait venir dans un instant l'Univers chez elle pour le considérer. Mais si elle n'étoit point spirituelle, ses opérations seroient-elles si sublimes & si admirables ? Auroit-elle l'idée des choses qui n'ont aucun caractére de matiére ? Jugeroit-elle ? Raisonneroit-elle ? Voudroit-elle ? Sentiroit-elle ? Et se connoitroit-elle ? Ce sont là des qualités & des opérations qui n'appartiennent qu'à un sujet spirituel.

Pour être convaincu que l'ame est spirituelle, il ne faut que considérer, qu'elle a une infinité de sentimens, de plaisir ou de douleur à l'occasion de divers objets & des organes. Il faut nécessairement que ces sentimens soient en elle, & qu'elle soit simple & indivisible, autrement elle n'en pourroit faire la différence, ni connoitre le dégré du plaisir ou de la douleur qui s'excite en elle. Si ces sentimens étoient distribués dans les diverses parties de l'ame, mon ame ne seroit pas plus compétente pour en juger, qu'elle l'est pour décider de ses propres sentimens, & de ceux d'un autre homme. Or mon ame est insuffisante pour cela, elle ne sçait pas si elle goûte plus de plaisir, ou ressent plus de douleur que l'ame d'un autre homme, & c'est pour cette raison qu'elle ne le sçait pas, parce qu'elle est différente de l'ame d'un autre homme. Ainsi si mon ame juge de mes sentimens, & en fait la différence, comme il est certain, ces sentimens ne peuvent pas être dans les diverses parties de l'ame, mais ils sont dans une ame simple, indivisible, & spirituelle.

D'ailleurs l'ame qui pense,

eſt ſpirituelle, ſi la matiere ne penſe point. Mais comment le penſeroit-elle ? Auroit-elle la penſée de ſa nature, ou de ſes modes ? Non de ſa nature, parce que les pierres, les plantes, les fleurs, & toute autre matiere penſeroit, ce qui eſt faux. La penſée ne coule pas non plus de ſes modes, qui ſont le mouvement, le repos, la ſituation, la figure & la grandeur des parties. Premierement on ne peut pas expliquer la penſée par tous ces modes pris enſemble, parce qu'on ne peut pas concilier le mouvement & le repos dans la même portion de matiere. Secondement on ne peut pas l'expliquer par chaque mode pris en particulier, parce que n'ayant pas la penſée de ſa nature, il peut ne pas penser. Troisiémement on ne peut pas encore le faire par un assemblage de plusieurs, car par quel assemblage de modes un atome de matiere auroit-il l'idée de la Toute-Puissance, de l'immensité, de l'éternité de Dieu ? Par quelle loi matériéle se connoitroit-il lui-même ? Comment sçauroit-il calculer, observer les loix du raisonnement, & rectiffier ses erreurs ? Enfin par quel mouvement, par quel assemblage de modes, cet atome de matiere, qui ne peut jamais cesser d'être matiere, ni d'être plus grand que lui-même, parcoureroit-il, sans se mouvoir, d'un seul point de vûe, ces Pays éloignés, & cette vaste machine du monde, quelque grande qu'elle soit, & qu'il en eût ce-

pendant

pendant une véritable idée ? Il paroît, de toutes ces raisons, que la matiere est incapable de penser, elle ne renferme dans son idée que l'extension & plusieurs parties ; ainsi puisqu'elle ne pense pas, & que l'ame pense, cette derniere est spirituelle.

Voilà, Monsieur de grands éclaircissemens que vous me donnez, répondit le Petit-Maître, après ce que vous venez de dire, on ne peut quêtre persuadé que l'ame est spirituelle : toutes ses fonctions, tous ses actes portent des caractéres d'un esprit. Cependant vous me ferez plaisir de me dire d'où elle sort, n'est-ce pas de nos parens ? Le corps dérive de leur sang, réponditle Comte, mais non point l'ame ;

car ſi elle étoit traduite avec le ſang, elle dériveroit ou de la chair des parens, ou de leur ame, ou bien de l'une & de l'autre. Premierement elle ne vient pas de la chair, autrement elle ſeroit corporelle, & non ſpirituelle. Secondement elle ne vient pas de l'ame, car elle ſeroit ou de toute l'ame du pére, ou d'une partie; non d'une partie, parce qu'elle ſeroit diviſible, & matérielle. Elle ne ſeroit pas encore de toute l'ame, parce qu'elle ceſſeroit d'être dans le pere pour être dans le fils, ou elle ſeroit tout à la fois dans l'un & dans l'autre, ce qu'on ne peut point dire. Troiſiémement elle ne vient pas de la chair & de l'ame du pere, à moins de dire que la même ame ſoit tout à la fois corporelle & ſpirituelle. Il faut donc reconnoître que l'ame ne peut tirer ſon principe que de Dieu, elle eſt un rayon qui coule du Soleil éternel. Elle vit en Dieu ainſi que tous les autres ouvrages de la Nature, dans lequel ils ſont d'une maniere bien plus excellente, que s'ils étoient en eux-mêmes. De la même maniere que les ouvrages vivent dans l'eſprit de l'Ouvrier, par les idées que l'Ouvrier a de ſes ouvrages, de même toutes les choſes vivent en Dieu bien plus excellemment par les idées que Dieu a de toutes choſes.

Comme il ſe faiſoit tard, le Comte voulut ſe retirer, mais il ne lui fut pas poſſible de quitter ſon Petit-Maître; il lui dit qu'il falloit aller ſouper chez une Actrice de l'Opéra, il étoit bon qu'il fût instruit de de ce qu'on appelloit à Paris parties fines, soupers aimables, sociétés gracieuses. Ses priéres, ses instances gagnérent le Comte, de sorte qu'il se laissa conduire chez l'Actrice. Les premiers discours que l'on tint à table, roulérent sur les amours du Chevalier de * .... qui avoit passé en Espagne avec la Marquise de ** .... mais après qu'ils eurent bû quelques coups de bon vin de Champagne, les voilà à discourir sur les intrigues des filles de l'Opéra. On parla de leur infidélité, de leur perfidie, de leur trahison, des banqueroutes qu'elles faisoient faire aux

*...

**....

Marchands, & des dettes aux Seigneurs. Ensuite on chanta des chansons qui choquoient la bienséance & la pudeur, cependant le Petit-Maître disoit au Comte, c'est là, mon cher Polonois, ce qu'on appelle chansons agréables, elles rendent nos soupers galans & fins. Si vous étiez en Pologne, vous n'auriez pas le plaisir d'entendre des couplets si dégagés, si libres, si flateurs. Il faut convenir de bonne foi que tout est raffiné à Paris : en même-tems il engageoit l'Actrice à chanter avec plus de force ; allons belle Actrice, lui disoit-il, continuez toujours, vous enchantez mes oreilles. Ces Vers hardis & galans me flatent plus que je ne sçaurois vous exprimer, je ne puis que vous donner des louanges & des applaudissemens.

Tout celà n'étoit rien en comparaison du libertinage auquel on se livra dans la suite ; les ris dissolus, & l'intempérance présidérent à ce festin odieux & révoltant. Qu'elle ne fût pas la surprise du Comte, lui qui avoit l'esprit rempli de l'amour de la vertu ! Il se repentit mille fois d'avoir suivi son Petit-Maître, il étoit cinq heures du matin lorsqu'il le quitta, il rompit pour toujours avec ce malheureux, il ne voulut jamais plus le voir. Est-il possible, disoit-il, qu'un homme puisse être si débauché, qu'il aura de grands comptes à rendre lorsque son ame sera devant le Trône de Dieu ! Quelle illusion, quelle folie !

Il court après les plaisirs où ils ne sont pas, il cherche la félicité où elle ne se trouve point; s'il ne fait un retour vers la vérité, & s'il ne ressussite l'honneur qui est déja mort dans son ame, c'en est fait de lui, il est perdu à jamais. Quel aveuglement de se plonger dans un abîme de forfaits, ne lui conviendroit-il pas plutôt de vivre dans l'amour & la loi de Dieu, de s'occuper à quelque chose d'essentiel, d'être utile à sa Patrie; je ne sçai quel nom donner à sa débauche, car elle me paroit portée jusqu'au dernier excès.

Si un Petit-Maître goûtoit tant soit peu les réflexions de ce Comte Polonois, il finiroit le désordre; la raison dissiperoit les nuages qui couvrent ſes yeux, l'amour du bonheur le détermineroit à offrir à la vertu des hommages ſincéres. Quel avantage flateur, quelle gloire ne ſeroit-ce pas pour lui ! Il feroit ſortir du ſein de la tempête le calme & la tranquillité, il ne reſſentiroit plus ces remords qui donnent la torture à l'ame, mais au contraire il goûteroit une paix délicieuſe. Qu'il embraſſe donc cet objet aimable, que ſa vie ſoit d'une excellente odeur, les plus grands libertins même ne pourront s'empêcher de l'admirer, de le louer.

TITRE V.

Des Politiques.

PAris eſt le centre de la Politique, on y voit des gens qui prennent toutes ſortes de caractéres; ils ſont ſouples, doux, complaiſans, ils aiment le menſonge, & le ſçavent dire, fort joliment.

Ces Politiques verſent ſur tous ceux qu'ils rencontrent des regards les plus doux, & leur donnent des baiſers comme le gage de l'amour le plus ſincére, ils font couler de la bouche des torens de zèle. Un homme d'eſprit ne doit point ſe laiſſer flater par les belles paroles que l'on prodigue, car tel se montre son bon ami, qui fera tous ses efforts pour le détruire, il ne balancera pas de lui donner un coup mortel dans l'occasion. Ainsi on doit se défendre de ces amis trompeurs, qui semblent goûter tout ce que l'amitié a de plus délicat & de plus délicieux; il faut se défier de leurs régards benins, de leurs souris heureux, de leurs frivoles complaisances; la porte de leur cœur est interdite à la candeur & à la bonne foi, ils ignorent les droits sacrés de l'amitié.

On ne sçauroit croire combien il est difficile de se placer à Paris dans les Finances; pour un simple emploi il y a cent Concurrens, il faut pour réussir, mettre dans ses intérêts des gens d'autorité, ce qui eſt très-mal aiſé, parce qu'on n'en trouve guere d'officieux. Le moyen le plus ſûr pour avoir du ſuccès, eſt de faire des préſens. Les louis d'or ſont la cléf qui ouvrent la porte aux emplois, les Femmes-de-chambre en font donner quantité, mais on eſt obligé, en les obtenant, de leur compter une ſomme, ou leur donner tant par an, à proportion de la bonté des emplois: cette façon d'agir eſt auſſi du reſſort de beaucoup de Seigneurs.

Quand un ſujet eſt recommandé à un riche, à un Politique, pour lui procurer un poſte, ce dernier lui aſſûre qu'il a bonne volonté de l'obliger, mais que ſon pouvoir eſt très-foible; & ſçachant qu'il eſt comme impoſſible de trouver des occaſions, parce que les poſtes ſont remplis preſque auſſitôt qu'ils ſont vacants, il lui dit de lui préſenter un objet. Le ſujet a beau chercher & ſe donner des ſoins, il ne peut faire aucune découverte ; cependant il fait aſſidûment ſa cour au Politique, quelquefois juſqu'à ſe rendre importun. Le Politique ſe trouve fatigué de ſes fréquentes viſites, pour ſe débarraſſer il lui dit, je ſouffre de vous voir depuis ſi longtems ſur le pavé, il faut que je faſſe pour vous une tentative, c'eſt de vous donner une Lettre pour un Fermier-Général de mes amis : voila tout ce que je puis faire pour votre ſervice. En même-tems il écrit la Lettre, mais en bas il a l'attention de faire cette petite croix,

† qui signifie, *ne faites pas plaisir au Porteur.*

Le Politique lit la Lettre conçûe dans les termes les plus avantageux, & avec les plus grandes instances; le sujet comblé de joye le remercie, il porte la Lettre au Fermier-Général. Celui-ci malgré la petite croix, dont il entend parfaitement la signification, lui fait un accueil des plus gracieux, & des plus flateurs. Je vous assûre, Monsieur, lui dit-il, que par rapport à votre Protécteur qui est ardent à vous faire plaisir, je ferai tout ce qui dépendra de moi pour vous donner satisfaction; je le ferai avec d'autant plus de raison, que vous me paroissez un homme d'honneur, votre phisionomie ne m'annonce que de la probité & du mérite : lorsqu'il y aura quelque chose de nouveau je vous ferai avertir. Il se passe un mois, deux mois, quatre mois, six mois, un an, sans que le sujet reçoive aucune nouvelle, étonné de ce silence cruel, il retourne chez le Fermier-Général qui lui dit qu'il n'avoit point trouvé l'occasion, (quoi qu'elle se fût présentée cinquante fois) & c'est ainsi que son projet échoue. Tous les hommes à Paris ne sont pourtant pas comme ces Politiques qui blessent la vérité, il en est quelques-uns qui sont sincéres.

Est-il possible que l'on déguise ses sentimens, & que l'on endorme ainsi des gens dans des espérances frivoles, peut-on le faire au préjudice de la

Bonne foi & de l'honneur? Si on n'eſt pas en volonté de les obliger, pourquoi les amuſer & les tromper? Qu'elles occupations pour ceux qui ſont encore quelque uſage de leur équité, de quelle douleur ne devroient-ils pas être pénétrés!

Si un homme eſt placé par un Financier, il n'eſt pas aſſuré de ſe maintenir dans ſon poſte, fût-il plein de probité, & remplit-il ſon devoir d'une maniere à mériter des éloges. Il eſt toujours comme l'oiſeau ſur la branche, on le déplacera ſans ſcrupule pour plaire à une Dame, à une maitreſſe, & il ſera remplacé par un ſujet qui ne ſçaura pour ainſi dire rien. Il ſuffit que ce ſoit la maitreſſe qui agiſſe, pour qu'elle triomphe ; lorsqu'elle parle, c'est un Arrêt qu'elle prononce, & qui est aussi-tôt exécuté. Le Financier est fertile en ressources pour s'excuser, il attaquera le Sujet ou du côté de sa capacité & de ses lumieres, ou du côté de son exactitude & de son zèle, ou du côté de sa probité & de son honneur.

On voit tous les jours à Paris des gens * qui rampoient autrefois parvenir aux richesses & aux honneurs ; ils se produisent dans le public, ils acquierent connoissance sur connoissance, & celà fait une multiplication. Pour avoir de l'accès auprès de leurs protecteurs, ils gagnent un Portier par le moyen de quelques Bouteilles de vin, & un Valet-de-

* Les Financiers.

chambre

chambre en lui coulant de tems en tems quelques écus dans la main, ou en lui faisant présent de quelques livres de bon Tabac. A force de Politique, de perfidie, & de noirceur d'ame, ils s'insinuent dans l'esprit de ceux de qui ils attendent des avantages; ils les flatent, fussent-ils des fripons, leur applaudissent en toutes choses, & baisent jusqu'à leurs pentoufles. Après qu'ils sont devenus opulens, ils trouvent un grand nombre de gens qui leur font la cour; les Seigneurs même les considérent, & contractent avec eux des alliances.

Ces gens de fortune sont traînés dans des carosses magnifiques, l'or brille de toutes parts dans leurs Palais, leur table est servie avec autant de délicatesse que de profusion, des Suisses de bonne mine sont à leur porte, & les avertissent avec un sifflet quand quelqu'un se présente. Ci-devant ils faisoient de douces promenades, & n'avoient d'autres ressources que leurs intrigues contre les outrages de la fortune, ils étoient Chevaliers de l'Ordre de l'Industrie. Plongés dans une source d'orgueil, ils se méconnoissent entierement, ils n'envisagent que l'état florissant où ils sont; infatués d'une si belle métamorphose, ils méprisent les Pauvres, quand ils seroient des plus honnêtes gens, leur estime ne s'étend que sur ceux qui ont des équipages, & qui peuvent leur faire plaisir dans l'occasion.

Il est à Paris des Politiques* qui ne s'entretiennent que de nouvelles, on peut les ranger en trois classes. La prémiere est composée de vieux Officiers, la seconde de Bourgeois & la troisiéme d'Artisans. Ils se donnent ordinairement dans la belle saison des rendez-vous au Luxembourg : l'un ne parle que de remparts détruits, de villes forcées, de moissons de gloire. Un autre raisonne sur les préliminaires de la paix entre la France & les Alliés. Un troisiéme vient & balance long-tems sur le choix, il rappelle tantôt la paix bannie, tantôt le feu d'une guerre plus sanglante. C'est ainsi que ces grands Guerriers assis sous le feuillage des arbres, & respirant les doux zéphirs, discou-

* Les Nouvélistes.

rent ſur des affaires d'Etat. Des réflexions hazardées ſont le ſel de leur converſation, ils cherchent dans les reſſorts de l'immagination, quelque trait curieux digne de l'admiration du cercle, & l'embelliſſent par la maniere gracieuſe de le débiter. Ne devroient-ils pas regretter le tems qu'ils employent à ces amuſemens ridicules? Il ſeroit bien plus à propos de travailler pour le public, & de ſe diſputer entre eux la gloire de lui être utile. Dans un pareil combat il ſeroit beau de former des vœux ardens, pour la victoire, & de faire les derniers efforts pour la remporter.

Il eſt à Paris des gens * qui ſont accablés des coups de

* Les Courtiſans.

l'ambition, & du desir de la funeste gloire. Ils usent d'artifice, de politique, pour acquérir les faveurs brillantes de la Cour, la soif des richesses bannit de chez eux la bonne foi & la droiture, ils mettent le vice sur le Trône, & font gémir la vertu dans la poussiere.

Quelle folie de fonder leurs espérances sur le calme de la mer la plus orageuse ! leur vie va passer comme l'ombre, & se dissiper comme la fumée : pourquoi donc porter leurs desirs vers des biens dont on n'a que l'usufruit, & qu'on ne peut posséder que peu de tems ? Eh, quoi, que dirois-je, tant d'hommes illustres dont les talens ont été l'admiration de tout l'Univers, se sont éclipſés ! Un ſi grand Prince que Louis XIV, eſt couché ſous la terre, les quatre parties du monde ont été remplies de l'éclat de ſon nom ; cependant la mort va l'attaquer dans ſa cour, & frappe ſur ſon trône comme ſur la hute d'un Berger. Quelle vaſte matiére à réflexions de voir des Rois, des Héros, des Docteurs, obligés de ſubir la loi de la Parque ! Les ambitieux devroient bien rentrer en eux-mêmes ; il leur convient beaucoup d'avoir du goût pour le déſintéreſſement, de rétablir la voix, & d'aſſurer le triomphe de la vertu, cette conduite feroit pour eux une ſource de bonheur.

TITRE VI.

De quelques endroits ſurprenans.

IL eſt à Paris beaucoup de Bénéficiers qui ne diſent le Bréviaire que rarement, leur principale occupation eſt de jouer le Piquet, & le Quadrille, de bien manger, de bien boire ; la Muſique & la Danſe leur ſont fort en recommandation ; ils jouent de la flûte, & danſent de tems en tems le Paſſe-Pied.

Les grands ne penſent qu'à vivre délicieuſement, ils ne s'arrêtent que là où les ris & les jeux ſe préſentent avec plus d'agrément : ils divertiſſent les Dames par les Balets, les maſcarades, les parties de campagne. Quand ils ſont à Verſailles, ils ſe dépouillent de toute leur fierté; on les voit extrémement petits. A la Cour on eſt toujours en mouvement, on va d'appartement en appartement, on ne parle que peu.

Ici je tremble à l'aſpect d'un crime le plus déteſtable, à peine puis-je le peindre tant il jette l'horreur dans mon eſprit. Il y a à Paris une infinité de Seigneurs & de Riches, qui portent des coups les plus forts à la pureté. A force de la pluye d'or ils achetent des hommes. De ſemblables gens ſont infiniment à plaindre, on doit les mépriſer plus que la pouſſiere des ſouliers.

Les Dames de condition à

Paris

Paris se déguisent en homme ; elles mettent des habits bleus de soye, galonés d'argent, ou des habits de velours selon les saisons ; dans cette situation elles vont voir leurs Amans, & prennent le nom de Chevaliers ou de Comtes. Elles ont aussi pour maxime de faire arrêter, dans les rues, les plus beaux jeunes hommes, on les enleve par force, & on les met dans des carosses. Il y en eut dernierement deux qui furent fouettés jusqu'au sang, pour ne s'être point trouvés au rendez-vous que la Duchesse de * ... & la Marquise de ** ..... leur avoient donné.

Les Avocats aujourd'hui, dans tous les Pays, n'ont du goût, de l'attrait, que pour

* ...

** .....

l'intérêt & le désordre : loin de répandre la lumiére dans les causes dont il sont chargés, & de se conduire eux-mêmes à la faveur de cette lumiere, d'engager les parties à écouter la voix de la paix, on les voit attentifs à éluder l'autorité des loix, à multiplier les procédures, à inspirer de l'amour pour les procès. Les Avocats de Paris surtout suivent ces maximes ; ils vont semer la division dans les familles, se chargent des causes les plus injustes, éloignent les Parties de la voye de la conciliation, & tâchent de perpétuer la guerre. Enfin le desir de s'enrichir les porte à combattre l'autorité des loix & des ordonnances, à donner des couleurs aux choses, à parer leurs discours des pompeux ornemens de l'éloquence, capables de ſurprendre la réligion des Juges préposés pour annoncer les oracles de la Juſtice.

Il eſt pluſieurs de ces Avocats qui ne ſont point mariés, mais qui ne ſouhaitent rien tant que de l'être avantageuſement. Pour arriver au terme qu'ils ſe propoſent, ils uſent de mille différens ſtratagêmes : en voici un entr'autres duquel ils s'aviſent. Ils ſçavent qu'un homme de leur profeſſion trouve un parti avantageux quand il eſt un peu occupé ; ils ſçavent encore qu'on ne connoît que les plus fameux, qui diſputent tous les jours au Barreau des Lauriers, que les autres reſtent dans l'obſcurité malgré leurs talens & leurs occuppations. Pleins de ces connoiſſances, voici le ſtratagême qu'ils mettent en pratique. Ils ſe rendent au Palais au coup de midi, qui eſt le tems où tout le monde s'aſſemble pour y faire ſes affaires; là tous déſœuvrés, ils ſe préſentent avec des papiers ſous les bras, ils demandent aux uns & aux autres s'ils n'ont pas vû un tel & tel de leurs Cliens, ils veulent par là leur faire entendre qu'ils ſont employés, & leur donner une idée de l'excellence de leur mérite. Pour mieux faire réuſſir leurs projets, ils ſe diſent Gentilshommes, quelquefois Comtes, ou Marquis, tandis qu'ils ſeront nés du ſang le plus obſcur. Ces gens-ci aiment exceſſivement leurs plaiſirs; ils imitent, en ce point, les Meſſieurs de l'Académie Françoiſ se. Cette Société travaille souvent envain, elle a la mortification de voir que le public casse ses arrêts. Quelle est différente de ce quelle étoit le siécle dernier ! alors elle étoit composée de beaucoup d'hommes Illustres, qui nous ont laissé des écrits admirables : Aujourd'hui il n'en est pas de même, elle n'a que peu de Sçavans, & encore sont-ils, peut-être, des demi-Sçavans.

Le vice fleurit à Paris autant & plus que dans aucune ville de l'Europe ; les jeunes gens se font des systêmes les plus extravagans, la débauche les met au tombeau au printems de leur âge. Ce climat est fort stérile en pieux, & en honnêtes gens, cependant dans le grand nombre on en trouve quelques-uns; ce ſont des perles précieuſes qu'on ne ſçauroit aſſez admirer. Les Libertins trouvent en eux un grand ſujet de réflechir; ils feroient bien de rectifier leurs mœurs ſans differer, on ne doit point ſe flater ſur la force & la bonté de ſon tempérament, parce que ſous un viſage ſerain on cache ſouvent une mortelle maladie.

TITRE VII.

Des Gens de Lettres.

PAris où les étrangers viennent de toutes parts pour en conſidérer les beautés, & pour y trouver des avantages qu'on ne trouve pas ailleurs, fournit beaucoup de

Sçavans. Il en est qui sont dignes de purs éloges ; les ouvrages qu'ils nous donnent, sont des trésors d'agrémens qui méritent de passer à la postérité.

Louis XV la splendeur des Lys, l'amour & les délices de son peuple, fait fleurir les arts. Il procure à ses sujets toutes les facilités pour exceller dans la Peinture, la Sculpture, & l'Architecture. La douceur & l'humanité sont le partage de ce Prince, toujours attentif à épargner le sang de ses Sujets, & même celui de ses ennemis, c'est avec regret qu'il a cueilli, & qu'il cueilt des lauriers dans cette guerre. Les succès continuels & brillans que le Dieu des armées lui accorde, lui font connoître qu'il se déclare pour ſes armes ; la gloire qu'il a déja acquis ſuffit pour l'immortaliſer : puiſſent les victoires de ce Prince procurer à la France une paix qui la couronne de bonheur.

Il faut avoir beaucoup de talens pour écrire d'une maniere à s'attirer l'approbation des Sçavans ; il faut du choix dans les penſées, de l'enjouement dans les expreſſions, de la pureté dans les tours ; on veut de la délicateſſe, de l'éclat, du ſolide & du naturel. Un ouvrage dans lequel les endroits brillants ſont ſéparés, & mis à une certaine diſtance les uns des autres, relévent les endroits communs : l'eſprit s'ennuye de la continuité, la variété lui plaît, il veut les fleurs diſperſées avec œconomie, les graces distribuées comme des lumieres & des étoiles.

Les sçavans condamnent le desir de la gloire, il semble par leurs discours qu'ils en conçoivent du mépris : mais ne leur en déplaise, c'est à ce desir que l'on est redevable de toutes les lumieres des siécles, c'est l'envie de se faire un nom, qui a formé les grands hommes; leur ame animée par cet objet, s'est développée dans toute son étendue, les prémiéres louanges qu'on leur donna, flatérent leur cœur, & ouvrirent pour eux, une source de plaisirs dans l'étude des Belles Lettres. Ces succès rendirent leur carriére, dans son commencent plus belle, & en assûrérent de plus solides pour l'avenir : de sorte que leur émulation, après avoir été couronnée, devint plus jalouse de sa gloire.

Il paroît donc que le desir de la gloire a formé les hommes illustres ; il leur a inspiré du courage, & fait tenter des efforts pour arriver à la perfection de leur art. Aussi des esprits nés médiocres ont atteint & surpassé quelquefois des génies sortis supérieurs des mains de la Nature. On en a l'exemple dans la personne de Démosthéne, piqué du desir de la gloire, il combattit la Nature, & quelque difficulté qu'il rencontrât, il ne se rebuta pas, au contraire, il prit plus de courage, son ardeur le conduisit à la plus parfaite éloquence. Les écrits qu'il nous a laiſſé, ont des charmes, on y voit les fleurs les plus agréables; dans les choſes les plus obſcures il répand un jour aimable, la variété de l'abondance répond aux agrémens de l'art.

Le deſir de la gloire, ce puiſſant reſſort du cœur humain, ne devroit pourtant point trouver place parmi les Sçavans. Un homme ſage ne va jamais au-devant des éloges, & ſi les éloges vont au-devant de lui, il les regarde avec indifference, ou plutôt avec mépris. Dévoué au ſervice de ſes concitoyens, il n'a d'autre objet que celui d'orner leur eſprit, & de former leur cœur. Il ne porte jamais envie à la réputation de ſes concurrens, au contraire, il rend avec plaisir, justice au mérite, fût-ce même à ses ennemis. Mais les Sçavans ont des sentimens bien différens, le desir de se distinguer fait naître entre eux une jalousie secrette, ils craignent que la réputation des autres ne mette obstacle aux desseins qu'ils ont formé de remplir la postérité du bruit de leur gloire. Ce qui fait que loin de publier leur mérite, ils s'efforcent de le cacher, ou d'en effacer l'éclat. Ils se battent entre eux la plume à la main sans se ménager, & font paroître les qualités de l'esprit au préjudice des sentimens du cœur.

Pour briller en conversation il ne faut que de la hardiesse, il ne faut qu'un rien. Une femme se tire quelquefois mieux d'affaire qu'un Latiniste.

Elle parle avec liberté, elle n'appréhende pas de pêcher contre la langue, parce qu'elle en ignore les régles. Au lieu qu'un homme qui a fait ses études, craint de se tromper, il y va à pas mesurés, de sorte que cette timidité tient son esprit caché. Il y a des Sçavans qui semblent hébetez en conversation, leur esprit est pour les matieres sérieuses, & non pour les petites choses dont on a accoutumé de s'entretenir. Le mérite du cabinet ne tombe point dans le mérite de la conversation, tout comme le mérite de la chaire ne tombe point dans celui de l'impression. Il arrive souvent qu'un discours qui paroîtra beau, lorsqu'on le débité, n'a aucune grace quand on le lit. Il faut un autre mérite que celui de la chaire pour ſoutenir le jour.

Il eſt à Paris quantité d'Auteurs qui ne font aucun effort pour puiſer dans l'eſprit d'Apollon les nobles penſées, ils ne vont pas où la gloire les appelle, la voix de l'émulation ne ſe fait pas entendre à leurs cœurs. Comme leur vie dépend de leur travail, ils ſe dépêchent autant qu'ils peuvent; on ne voit dans leurs ouvrages que des riens & des puérilités; cependant ils ont l'audace de condamner les anciens & les meilleurs Auteurs de nos jours, on diroit, à les entendre, que ce ſont eux qui font fleurir la République des Belles Lettres. Quoique leurs productions ne méritent pas de voir le jour, elles font pour un tems le ſujet de l'admiration des Dames & des Petits-Maîtres, par rapport aux bagatelles & aux nouveautés qu'elles contienent, & dont ils ſont amateurs.

Le tribunal de la critique eſt placé à Paris, cette foule de petits génies ſe mêlent de décider du caractére des beaux eſprits. Auſſi-tôt qu'un ouvrage voit le jour, ils le critiquent, ils vont du Luxembourg aux Thuilleries, & des Thuilleries au Palais Royal le décrier, & inſinuer en même-tems qu'ils ſont en état d'en compoſer un plus beau. Ce ſont des pointilleurs outrés, ils paſſeront volontiers une heure à conteſter ſur un mot. Ce n'eſt pas qu'ils ſe croyent bien fondés, mais c'eſt pour faire voir qu'ils ont de l'eſprit. Il eſt mille fois plus facile de critiquer un Livre que de le faire; si on examine à la rigueur un Ouvrage, il est rare quand on n'y trouve quelque chose à redire. On ne doit pas cependant critiquer tous les défauts, car il en est d'heureux que l'on doit aimer, ce sont des ornemens qui donnent du relief aux traits fins & agréables.

Les Auteurs que je poursuis, dérogent à la noblesse de leur caractére, ils ne prennent que le Chocolat ou le Caffé, ils ne font que des parties de régale avec leurs Maîtresses qu'ils appellent cousines, tout celà aux dépens du tiers & du quart. A la faveur de leurs Sonets ils trouvent des gens assés simples pour leur faire crédit, leur cœur s'ouvre agréablement

blement aux louanges qu'on leur donne. Mais ces créanciers faciles sont dupe de cet encens distribué, de cette gloire prodiguée, ils se repentent de leur trop grande bonté & de leur vanité folle; ils ont beau persécuter leurs Débiteurs, ils ne peuvent jouir de la satisfaction flateuse de retirer leur payement, ni en tout, ni en partie.

C'est là la peinture la plus avantageuse que l'on puisse faire de ces Auteurs, autrement de ces Batards du Parnasse; on doit leur rendre la justice qu'ils sont une source de défauts. Les Sçavans vont aussi de pair avec eux, ils sont le fléau de l'honneur & de l'équité, ils ferment les yeux à la lumiere du flambeau qui les éclaire pour avoir le plaisir de se perdre dans une affreuse obscurité : ils déshonorent leurs talens à détourner de la bonne voye celles qui ont le bonheur d'y être.

Lorsqu'un Sçavant veut engager une Belle dans ses liens, il profite de tous les momens où il puisse jouir de sa conversation tête à tête. Alors il se met en train, & aiguise la pointe de son esprit, il tâche de découvrir les sentimens de sa Belle : ses expressions la sondent d'une telle façon que tout est ménagé, néamoins elle peut déveloper ce qui se passe dans son caractére; si elle faisoit briller sa sagesse, ce malheureux suspend ses poursuites, mais il s'avance bientôt vers elle avec les armes de la ſubtilité ; il lui préſente de nouveau ſous une feuille d'or la chute de ſon cœur, dont il veut porter juſqu'à elle le contre-coup. Il fait des détours, des écarts, ſi elle eſt encore ferme, & ſe met à l'abri de ſes traits, il monte ſur le ton des louanges, il pourſuit ſa pointe, & il ne tient pas à lui qu'il ne ſoit victorieux.

Que cette conduite offre un ſpectacle affreux ; n'eſt-il pas ſurprenant que les Sçavans faſſent de ſi mauvais uſages des talens & des lumieres dont le Ciel les a ornés ? Ils ſont, en cela d'autant plus coupables qu'ils connoiſſent l'avantage qu'ils retireroient d'être ſages.

Il y eut Jeudi dernier un Sçavant qui ſe ſignala par un trait digne d'être contrôlés

Deux heures avant que l'Aurore ouvrit les portes de l'Orient, il fut introduit dans le jardin de la Marquiſe de *... pour être conduit dans ſa chambre où elle lui avoit donné Rendez-vous. Le Ciel étoit alors ſerain, & la lune embelliſſoit ce jardin de ſes couleurs, le feuillage des arbres ne faiſoit que des ſouris. Là il s'arrêta pour conſidérer les beautés dont il étoit épris, & levant les yeux au Ciel, il diſoit en lui-même, que de grandeur, que de majeſté! Si les choſes que j'apperçois ſont ſi belles, combien beau & aimable eſt celui qui les a faites? Il n'y a que lui ſeul qui puiſſe faire le bonheur des hommes, on ne peut le voir ſans être parfaitement

*....

heureux. Seroit-il donc possible que je me rendisse indigne d'être un jour couronné de sa face, & celà pour une créature ? Dieu est partout comme étant l'Ouvrier de toutes choses, le réparateur, & le conservateur, son immensité le rend présent en tous lieux, je suis plongé dans son essence comme les poissons dans la Mer, ou comme les oiseaux dans les airs. Aurois-je donc bien le courage de l'offenser au milieu de ses perfections & de ses richesses ? Quelle perte ne ferois-je pas, si je perdois son amitié ! Je dois l'aimer plus que moi-même, & je dois m'aimer moi-même uniquement par rapport à lui. Si je violois ses loix, ce seroit me défendre des doux charmes de son amour,

& me détruire moi-même contre ſa volonté, car il veut ma conſervation & mon bien, parce que je ſuis ſon ouvrage. Que de démarches ne fais-je pas pour être heureux dans le monde, & combien peu en fais-je pour aller à la Cour Céleſte ; mais que dis-je, heureux dans le monde, on ne peut l'être qu'en vivant ſelon les loix de la ſageſſe : ainſi il eſt de mes intérêts de changer de conduite, & de devenir la conquête de mon Auteur. Voilà le raiſonnement de ce Sçavant; loin de ſe rendre à la chambre de la Marquiſe qui l'attendoit, il ſe retira en faiſant de plus en plus des réflexions.

TITRE VIII.

De différens Caractéres.

LA vivacité & la promptitude sont le partage des Parisiens, ils font paroître dans tout ce qu'ils font une activité qui ressemble à celle du feu. L'humilité & le désintéressement n'ont point de beauté ni d'éclat à leur yeux, ils ne recherchent que la gloire, l'argent, & le titre de bel esprit. La plûpart des Rishes sont si bons pour eux-mêmes, qu'ils ne valent rien pour les autres; ils ne sçavent pas combien il est doux de donner galamment. Les talens les plus remarquables, don til sont doués consistent à bien ajuster à leur front une perruque, & à faire quelques entre-chats.

Il est difficile de trouver à Paris des gens véritablement zélés, presque tous se conduisent par un systême de politique, un intérêt de faux zèle. Il en est quelques-uns qui sont d'un caractére assez obligeant, ils font plaisir par eux-mêmes lorsqu'ils le peuvent. Mais est-il question de demander, ils ne peuvent ordinairement s'y résoudre. Un grand ne veut point s'abaisser jusqu'à demander à un homme qui est au-dessous de lui. Un égal ne prie point, parce qu'il craint un refus qu'il prendroit pour un affront. Un inférieur le fait encore moins, parce qu'il sçait qu'il ne réussiroit pas.

Lors-

Lorſqu'un Financier eſt prié de donner un Poſte a un ſujet, il examine ſi la perſonne qui le prie a du crédit, & peut lui être de quelque utilité. S'il trouve en elle un défaut de pouvoir, il eſt certain qu'il ne ſera point honneur à ſa recommandation. Cependant par politique il accueillira le ſujet: il lui dit tantôt que les emplois ſont rares, & que les Bureaux ſont remplis de quantité de Subnuméraires, au moyen de quoi il ne peut être placé de long-tems. Tantôt qu'il lui rendra ſervice quand l'occaſion ſe préſentera, pour cet effet il lui fait laiſſer ſon adreſſe. Quelquefois il lui demande s'il entend les affaires, & s'il a fréquenté le Barreau, parce que cela eſt néceſſaire pour entrer en Finance. Une autrefois il lui assûre avec beaucoup de sincérité qu'il ne peut disposer d'aucun emploi, que c'est M .... qui en est le maître, & si on a quelque ami auprès de lui, on fera bien de le faire agir. Voilà les excuses d'un Financier; la dissimulation, le mensonge, la perfidie, la mauvaise foi forment son caractére.

On ne voit à Paris que les quatre mœurs aux Ecoles de Droit, les Professeurs se tranquilisent dans les Chaires; les Etudians en Droit sont, la plûpart du tems, à compter fleurettes aux femmes. Pour serrer d'un nœud plus ferme celles qu'ils retiennent dans leurs liens, ils n'épargnent point les bagues, les rubans, les mantelets,

Les Etudians en Médecine & en Théologie, convoquent dans certains tems des assemblées* où régne la folâtre joye; ils se reportent entre eux les traits les plus irréguliers de leur vie; leurs discours sont pleins de pauvretés, & débités avec des gestes les plus désagréables. Cependant ils font tout cela pour briller, & après ces belles opérations, ils se croyent des gens d'esprit, qui plus est, ils se félicitent les uns les autres. Mais ce qui est encore fort, c'est qu'il accourt en foule des gens, même des Avocats, des Ecclésiastiques pour entendre ces fadaises, ces extravagances. Les Censeurs de Livres, qui sont au nombre de 80, & dont plusieurs sont de petites têtes, ne manquent pas

* Les Parenymphes.

aussi d'être les témoins de ces scénes puériles.

Les Parisiens sont curieux à l'extrême, sitôt qu'on doit faire quelque représentation, ils s'empressent de la voir, ils courent à l'envie, & font des actes d'impatience. Malgré tout cela il en est quelques-uns qui sont très-âgés, & qui n'ont jamais été à Versailles.

Tout le monde à Paris porte l'épée, Roturier comme Gentilhomme; il faut la prendre nécessairement lorsqu'on met la bourse, ou avoir les cheveux flotans, c'est par là qu'on se distingue des Laquais. Il est des jours que ces derniers ne peuvent pas entrer aux Thuilleries, & au Luxembourg.

Un homme qui a un habit noir, peut passer à Paris partout, ce qu'il ne fera quelquefois point avec un habit galonné. Quand la Cour est en deuil, on voit aux promenades ceux qui sont en noir, s'assembler, & s'écarter des gens qui ont des habits de couleur; ils se feroient une délicatesse de converser avec eux, ils craindroient de se deshonorer, & d'obscurcir leur gloire: C'est là une fadaise bien caractérisée, & être travaillé d'une grande foiblesse d'esprit.

Tout le monde est égal à Paris, à l'exception des Seigneurs de la premiere volée: un Savetier ne céderoit point le pas à un Marquis lorsqu'ils sont sur la rue: cette égalité fait le beau de Paris.

Il y a à Paris quantité de

gens dont la conduite eſt d'artifice *, ſous différentes ſortes de déguiſement ils ſe proménent dans les rues, ils abordent poliment ceux dont les affaires ſemblent dérangées. Tantôt ils ſe diſent des Seigneurs étrangers, qui ſouhaiteroient fort de trouver des gens pour leur apprendre le François. Tantôt ce ſont des Bijoutiers nouvellement débarqués, qui demandent des Commis, à qui ils donneront de bons appointemens, outre qu'ils les amméneront deux fois toutes les ſemaines à la Comédie & à l'Opéra, ſans qu'il leur en coute rien. Tantôt ce ſont des Plaideurs qui ſont ſur le point de ſe retirer en Province, mais qui veulent avant

* Les Racoleurs.

charger quelques-uns du soin de leurs affaires, en leur comptant sur le champ une somme d'argent. Tantôt ce sont des Secretaires qui veulent donner à copier quantité d'écritures, dont on doit retirer beaucoup d'avantage. Quelquefois ce sont des gens qui se disputent entre eux au risque d'une gageure la subtilité de leurs pensées, ils prient un tiers d'être Juge de leur débat. Une autrefois ils se métamorphosent en femme, ils empruntent à Venus des appas qu'ils étalent à la brune. Et toutes ces ruses, tous ces artifices ne tendent qu'à attirer ceux à qui ils s'adressent, dans des lieux suspects, où ils les engagent de force.

Les jeunes gens à Paris sont

dans le goût de ne recevoir point de lettres, qui ne ſoient affranchies. S'il arrive quelquefois qu'ils en reçoivent, ce n'eſt que pour les renvoyer ſur les lieux, & punir l'indiſcrétion des provinciaux. Ils aiment plus l'argent que l'honneur, ils ſont prêts à commettre tous les actes d'impoliteſſe, lorſqu'il s'agit de leurs intérêts. Beaucoup de ces gens-là ſont les fads & les Meſſieurs de conſéquence, cependant ils ne ſoupent que rarement, ils font le ſoir collation. Pour avoir du pain ils ſont bien ſouvent obligés de mettre en gage leurs épées chez le Boulanger.

On voit à Paris une infinité d'Abbés provinciaux qui y ont été conduits par la galanterie, ils ſe ſont immaginés qu'ils y seroient à l'abri de toute critique, mêlés dans la confusion, & se cachant dans la foule des coupables. Ils voltigent d'égarement en égarement, ils commétent toutes sortes de crimes, sans considérer qu'ils offensent leur Auteur sous ses yeux.

TITRE IX.

Des jeunes gens qui veulent faire les Petits-Maîtres.

LEs jeunes gens que je peins, sont ordinairement des enfans de famille, à qui les parens ne donnent que peu de chose. On les voit à Paris frisez, poudrés, & avec de beaux habits; ils se quarrent, ils frappent du pied, ils montrent un visage riant, on diroit à les voir que la fortune déploye sur eux ses faveurs. Mais malgré cet extérieur apparant, ils seront souvent dans la position la plus désavantageuse, ils iront faire deux ou trois tours au Luxembourg, sans attendre, pour diner, le succès d'un Sonet. Cette disgrace les oblige d'emprunter de tous côtés; Obergistes, Cabarétiers, Caffetiers, tous deviennent leurs créanciers, mais ils ne payent jamais, parce qu'ils n'ont point d'espéces, ou du moins s'ils en ont, ils les employent en ceintures, en manchons, en plumets, ou en habits.

Paris est un Pays inhabitable pour les gens de ce caractére; tout y est cher, & personne n'y est libéral; & comme une extrême indigence est leur partage, ils ne mangent souvent que des herbes crues, & ne boivent que de l'eau. D'un autre côté ils sont obligés de braver les rigoureux frimats que l'Hyver fait sentir à Paris, ils sont alors presque toujours en exercice, ils font des visites fréquentes aux belles, & vont de promenade en promenade pour résister aux injures du tems. Aussi font-ils des vœux ardens pour le retour du Printems, qui couronne les jardins de fleurs, les campagnes de verdure, & qui raméne les oiseaux, qui font raisonner les bocages de leur doux chant.

Si ces jeunes gens, qui combattent la pluye, le froid, la faim, la soif avec une courageuse résolution, le faisoient par un esprit de pénitence, les maux qu'ils endureroient, seroient autant de caractéres d'une immortelle réputation. Mais l'ambition & la vaine gloire sont les seuls motifs qui les animent, ils se privent du nécessaire pour avoir des habits galonnés, & pour joindre à cet étalage le titre de Baron ou de Marquis. Leur intention est de tromper le monde, & de lui en imposer : rien de plus aisé, dit un de ces jeunes gens, Paris est un Pays où l'on ne se connoît que superficiellement, on ne juge des facultés d'un homme que par sa parure ; quand on a de jolis habits, on se persuade que l'on est dans l'opulence, & on a de l'estime pour ceux qui éprouvent les faveurs de la fortune, & non pour ceux qui en sentent les rigueurs. Il faut donc que je tâche de briller ; les ressorts que je remuerai me feront sans doute trouver en mariage une fille bien riche ; je la tromperai en lui jettant de la poussiére aux yeux, elle me prendra à l'aspect de ma décoration pour un gentilhomme & un homme opulent ; mes habits seront les garands de mes richesses & de mes titres. Voilà de quelle façon il raisonne en lui-même. Le desir flateur de jouir un jour d'un bien être à souhait, le fait triompher des plus terribles disgraces, il espére, à l'ombre des illusions, d'endormir les belles que la Fortune favorise ; aussi combien de mauvais mariages ne voit-on pas à Paris : il y a une infinité de gens qui n'embrassent pas cet état par l'effet d'une innocente amitié, l'amour de la fortune, sur laquelle ils jettent les fondemens de leur félicité, est le mobile qui les anime; mais cela ne produit que des infidélités, & des chûtes.

Les Messieurs, dont je viens de parler, sont habiles à multiplier leurs intrigues. Il y en eut un l'année derniere qui fit liaison avec la Marquise de *... elle eut tant d'attentions pour lui, qu'elle lui fit une pension de mille écus par an. Elle lui donnoit tous les jours des rendez-vous dans son logis; s'il tardoit d'un quart d'heure, elle s'habilloit en Officier, & l'alloit voir. Ces amours ont duré quelque tems, mais l'Amant

*....

volage forma une autre intrigue qu'il entretenoit clandestinement, & dont il retiroit quelque avantage. Comme tout cela ne pouvoit avoir qu'une suite infiniment déplorable, il fit présent à la Marquise d'un bouquet, qui n'étoit pas des plus jolis : ce fut à ce trait peu flateur qu'elle connut son infidélité, elle lui envoya dire de passer à son hôtel, sous prétexte de le voir. L'Amant n'eut garde d'obéir à cet ordre, il voyoit qu'il y avoit du sérieux & de l'extraordinaire ; il sçavoit que sa maitresse étoit dans l'usage d'aller chez lui, & non point de l'envoyer chercher ; outre qu'il se sentoit coupable. Toutes ces réflexions jetterent l'allarme dans son esprit ; pour éviter les évenemens facheux, il changea de nom & de quartier. Lorſqu'il ſe croyoit à l'abri du danger, il apprit par le canal d'un de ſes amis que ſa maitreſſe le faiſoit chercher par tout; cette perquiſition vive & importune acheva de l'alármer, il ſe détermina à quitter Páris, & fut très-heureux, ſans quoi il auroit bientôt fini ſes jours.

Voilà un crayon des maximes de ces jeunes gens: ils ſe faufilent avec les femmes riches, dans le point de vûe d'avoir part à leur fortune: ils uſent de tous les artifices pour gagner leur bienveillance; ils ſont polis & enjoués, ils chantent, ils danſent, ils prodiguent leurs ris, leurs careſſes. Les richeſſes donnent le branle à toutes leurs actions, elles ont beau

être

être dangereuſes, & même des écueils, toutes les refléxions ſont bannies. S'ils ſçavoient ce que c'eſt que les biens, ils n'en déſireroient que pour vivre. Je trouve un Décroteur beaucoup plus heureux qu'un Maréchal de France; ce dernier n'eſt jamais en repos, il faut qu'il s'obſerve continuellement: s'il fait quelque choſe de travers, il eſt redreſſé à la Cour, il eſt agité nuit & jour par les craintes, les ſoucis, les tourmens. Mais pour le premier, il n'a, pour ainſi dire, aucune inquiétude; il eſt vrai qu'il travaille le jour, & qu'il ſe donne de la peine, mais du moins il va ſe coucher tranquille, rien ne l'empêche de dormir; ſa vie eſt bien plus douce que celle d'un Maréchal de France.

TITRE X.

De ce qu'il y a de plus remarquable à Paris.

LEs maiſons en général ſont belles à Paris, elles ſont élevées extrêmement. Il y a quantité d'hôtels de la derniére magnificence, avec de beaux jardins dont on a tout le ſoin poſſible ; ils ſont peuplés de beaux arbres, on y reſpire l'odeur des fleurs ; tout y rit, tout y plaît.

Chacun à Paris orne ſa maiſon de ſon mieux ; les Riches ſont chez eux d'un grand brillant, leurs appartemens ſont parés de glaces & de riches tapiſſeries, & à ces ornemens eſt jointe une propreté enchantée.

Les gens à Paris ſont logés juſques ſur les toîts, ceux qui ont demeuré long-tems dans la même maiſon, ne ſe connoiſſent point, on vit avec beaucoup de circonſpection, on n'oſe pas mettre ſa confiance en perſonne. Si les amis ſont rares partout, ils le ſont encore plus à Paris qu'ailleurs.

Il y a à Paris des Egliſes qui ſont des chefs-d'œuvres, les connoiſſeurs y trouvent dequoi ſatisfaire leur curioſité. Il en eſt d'autres qui frappent les yeux, & font le plaiſir de la vûe, mais elles ont plus de clinquant que de véritable beauté.

On entend à Paris du bruit à toutes les heures du jour & de la nuit; l'air retentit du ſon des cloches, ce bruit, joint à celui des caroſſes, fait un grand quarrillon. On rencontre dans toutes les rues des convoys, on y eſt ſi accoutumé qu'on ſe familiariſe avec la mort : ces ſpectacles ne font aucune impreſſion.

Quand les gens de condition ſont malades, ils ont ſoin de faire mettre du fumier le long de leurs hôtels, pour ne point entendre le bruit des charrettes & des carroſſes.

La Seine Paſſe au milieu de la Ville, & la diviſe en deux parties égales; ce qui eſt admirable. Lorſqu'on eſt ſur le Pont-Neuf, on a, du côtê du Louvre, un des plus beaux coups d'œil qu'il y ait au monde.

La ville eſt très-bien policée, il y a un Guét à pied, & un autre à cheval; ils font tous les deux leur ronde pendant toute la nuit.

On vit à Paris assez bien à peu de frais, il en coute moins qu'en certaines Provinces, on a le plaisir d'y vivre à sa fantaisie, personne n'y trouve à redire. Si on aime le jeu, & qu'on veuille se produire, on sera dispensé de payer une pension ; on donne à manger dans beaucoup d'endroits, les piqueurs & les joueurs y sont bien reçus.

Il y a à Paris plusieurs promenades publiques, les plus belles sont le Palais Royal, les Thuilleries, le Luxembourg, le Jardin du Roi, & celui de l'Infante.

Le Palais Royal n'a que des enchantemens, il semble être le rendez-vous des ris & des jeux. Cette promenade est ordinairement remplie de fads ; on y voit les Abbés galants avec des canes longues & brillantes à la main ; & les Petits-Maîtres avec des bas à coins dorés, & des souliers à talons rouges.

Les Thuilleries sont d'un grand goût, elles sont pleines d'agrémens. Dans la belle saison on a accoutumé de s'asséoir sur le gason, & sous les ombrages des arbres. Il y a dans les deux grandes allées des gens de différent sexe, qui critiquent quiconque n'a point la parure requise ; si une femme étoit dans le négligé, elle n'oseroit y passer, elle appréhende plus les traits de la critique, qu'un Soldat ne fait les coups de canon.

Le Luxembourg eſt plus champêtre que les Thuilleries, mais il lui diſpute le prix de la beauté ; ſes graces ont une majeſté qui enchante. Cette promenade eſt très fréquentée par le vulgaire, parce qu'on peut s'y produire ſans être d'un ſi grand propre que dans les autres, & qu'on riſque moins d'être critiqué.

Le Jardin du Roi eſt joli & riant, on y trouve toutes ſortes de ſimples & de plantes. Cette promenade délicieuſe eſt le rendez-vous des Etudians en Médecine ; c'eſt entre eux un combat d'eſprit des plus violens, celui qui crie davantage remporte le triomphe.

Le Jardin de l'Infante eſt petit, mais il n'en eſt pas moins charmant ; les Abbés y vont prendre l'air, & se mêlent de juger des qualités & des vertus des femmes qui s'y proménent.

Il y a à Paris plusieurs Théatres ; sçavoir, l'Opéra, la Comédie Françoise, la Comédie Italienne, l'Opéra Comique. Il y a un usage remarquable à ces Théatres, c'est que si quelqu'un veut sortir avant que le premier Acte soit fini, il peut se faire rendre son argent.

Outre les Spectacles ordinaires, les Ecoliers, dans certains Colléges, représentent tous les ans au mois d'Août une Tragédie ; ils se parent des plus riches habits, les Théatres sont ornés des plus belles décorations.

Il y a à Paris beaucoup de Colléges borgnes, c'est-à-dire, où l'on ne professe point ; la plûpart

plûpart des locataires sont des Etudians ; les femmes n'y entrent que difficilement. Le désagrément qu'il y a, c'est d'être sujet au coup de la porte, il faut s'y rendre à dix heures de la nuit pour le plus tard, sans quoi on n'y couche pas. Cette loi n'est pas cependant observée à la rigueur, on y entre passées dix heures si on est ami du Principal, ou si on donne au Portier quelque chose pour boire.

Il n'est point de Pays plus riches en Bibliothéques que Paris, il y en à plusieurs qui sont ouvertes certains jours de la semaine ; on peut y aller travailler sous les yeux des Bibliothéquaires ; elles sont composées de Livres rares, & d'excellens Manuscrits.

La Bibliothéque de S. Victor est publique trois fois la semaine, le Lundi, le Mercredi, & le Samedi.

Celle des Prêtres de la Doctrine Chrétienne est ouverte pour le Public, tous les Mardis & Vendredis.

Celle des Quatre Nations deux fois la semaine, le Lundi, & le Jeudi, matin & soir.

Celle qu'on appelle des Avocats, est ouverte tous les jours pour le public, la plus grande partie de ses Livres sont de Jurisprudence.

A l'égard des Sociétés, il y en a à Paris plusieurs qui portent le nom d'Académie. Celles de Peinture, de Sculpture, & d'Architecture sont estimables; il y a quantité de sujets qui excellent dans ces Arts;

l'émulation régne parmi eux, la beauté & la délicatesse de leurs ouvrages ne sont pas moins admirables que la variété.

L'Académie Royale des Inscriptions & Belles Lettres fleurit plus que jamais, elle répand sur ses Ouvrages une simplicité charmante, & un goût exquis; son mérite lui concilie l'estime & l'amour de la France.

L'Académie Royale des Sciences s'adonne à des Etudes sérieuses & profondes, le sanctuaire des Muses semble placé dans son sein. Elle donne tous les jours carriére à ses talens, les découvertes qu'elle fait, sont curieuses & intéressantes.

Le Roi a un esprit brillant,

beaucoup de bonté pour ſon peuple, & d'affection pour la Nobleſſe. Il a du courage & d'habileté dans l'art de la Guerre; il eſt actif, prudent, & Bon œconome. Son digne fils aime les Sciences, & les gens de mérite; un cœur grand, droit, bienfaiſant; une Nobleſſe dans ſon air, qui marque celle de ſon ame, une grace qui ſoutient, & qui orne tout ce qu'il dit; tout cela charme les yeux, & enleve les cœurs.

La Reine fait ſes délices de la piété, c'eſt une roſe qui fait l'ornement de la Cour, la priére eſt ſon élément. Madame la Dauphine eſt auſſi très-pieuſe, elle joint la beauté du corps à celle de l'eſprit: cette Princeſſe a toutes les qualités qui la peuvent rendre aimable.

Les Dames de France sont d'un caractére excellent, la Politesse & la douceur sont portées chez elles à leur comble. La Cour est honorée par l'éclat & l'odeur de leurs vertus.

TITRE XI.

De la Religion.

IL est à Paris des gens illustres par l'excellence de leurs mœurs ; ils mettent au milieu d'eux-mêmes le Temple de la sagesse, toute leur attention est de faire fleurir chez eux la Religion, d'en conserver le triomphe, & d'en affermir le trône. Mais presque tous sont du caractére opposé, ils se font système de conduite selon leurs desirs ; le vice est cheri, accrédité, & couronné. Il eſt rare quand les Riches entendent les Meſſes, ils n'en entendent ordinairement que des morceaux. Pour l'abſtinence des viandes, ils en violent la loi ; c'eſt chez eux un Carnaval éternel.

Il eſt des momens où les Dames à Paris feignent d'avoir de la Religion ; elles déclament contre celles qui n'en ont pas, le zèle pour l'honneur eſt loué, l'infidélité eſt condamnée : tout ce qu'elles diſent, tend à faire voir qu'elles ſont dévotes. Mais comment les regarder ſur ce pied-là, puiſqu'elles ſont les Nymphes aux promenades, qu'elles fréquentent les Spectacles, qu'elles s'adonnent au jeu juſqu'à perdre des ſommes conſidérables, qu'elles pervertiſſent l'ordre de la nature, en faiſant du jour la nuit, & de la nuit le jour ? Encore une fois comment les croire dévotes, puiſqu'elles ne font plaiſir que dans des vûes d'intérêt, qu'elles exigent de l'argent pour les Bénéfices & les Employs qu'elles font donner, qu'elles ne ſe contentent pas de leur état, qu'el-que floriſſant qu'il ſoit, qu'elles n'ont point de charité pour le prochain, qu'elles vont au Cours la Reine, au bois de Boulogne, lorſqu'il faut aller aux Offices Divins ? Ce n'eſt pas par une telle conduite qu'on obtient les louanges que la ſageſſe mérite. Je ne ſçai ſi j'ai aſſez approfondi leur caractére, & démêlé leurs maximes; quoiqu'il en ſoit, je ne dirai rien plus ſur leur compte, ſi ce n'eſt que tout ce qu'elles font, elles le font pour être heureuſes. Mais ce qui eſt funeſte pour elles, c'eſt qu'elles cherchent le bonheur où il n'eſt pas, elles le cherchent dans le monde, tandis qu'il eſt en Dieu.

On voit à Paris un ramas de libertins, qui ſe livrent aux forfaits les plus noirs, qu'ils colorent du titre de belles actions. Pour pêcher plus librement ils veulent faire les eſprits forts, & les Athées, mais il ne peuvent être de ce caractére, parce que le doigt de Dieu a gravé dans leurs cœurs la vérité de ſon exiſtence. Ils ne ſont tout au plus qu'incertains & flotans, le trouble que produit en eux un déſordre univerſel, les jette dans un doute, en fût-il jamais de plus criminel & de de plus fatal. S'il arrive qu'ils ſuſpendent leurs forfaits, ils ne doutent plus qu'ils ne puiſſent être frappés de Dieu, & être écraſés ſous le poids de ſa gloire. Mais accoutumés qu'ils ſont à la débauche, ils recommencent bientôt à célébrer l'iniquité, alors des brouillards épais vont obſcurcir la vérité qui eſt écrite dans leurs cœurs, ils deviennent comme auparavant incertains & flotans, ils ne ſçavent à quoi s'en tenir. Je vais, par ce que je dirai ci-après, lever leur doute fatal, & les ramener à la vérité.

Tous les ouvrages de la Nature ſont les témoins de la gloire de Dieu. Le Ciel, la Terre, la Mer, les animaux privés & sauvages, & toutes les parties de l'Univers publient la bonté, le pouvoir, & la sagesse de leur Auteur; ils nous disent de l'aimer, & de l'aimer sans cesse.

Mais s'il ne présidoit pas à la conduite de l'Univers un être suprême, on ne verroit pas tant de majesté dans les Cieux; les étoiles n'auroient pas tant de beauté & d'éclat, & ne seroient point semées avec tant de symétrie; elles ne parcoureroient pas si rigidement les voutes du Ciel; elles s'entrechoqueroient, & interromperoient leur mouvement perpétuel; elles tomberoient quelquefois.

Le Soleil n'auroit pas été se placer au Firmament; il ne feroit pas tous les jours des miracles en venant dissiper les ténébres, & éclairer le monde. Il perdroit de sa beauté, de sa lumiere, & s'épuiseroit de sorte qu'il viendroit à manquer. Il s'arrêteroit quelquefois, & descendroit sur la Terre. L'Aurore ne le précéderoit pas tous les matins. Pour découvrir en tout cela le pouvoir de Dieu: il ne faut qu'un atome de bon sens. Car pourquoi le Soleil parcoureroit-il les deux hémisphéres tour à tour sans jamais violer les loix de son mouvement, si ce n'est pour obéir aux ordres de Dieu? Comment les autres astres iroient-ils de l'Occidenr à l'Orient sans y manquer jamais? Ne reconnoît-on point à cet ordre si parfait une intelligence souveraine? Comment voudroit-on que des corps, des objets matériels, qui n'ont ni inclination ni volonté, fussent capables d'une conduite si admirable; qu'ils fussent si justes & si constans dans leurs changemens divers; ils nous mettent donc devant les yeux la sagesse de leur Auteur.

La Terre est placée entre deux cieux; qui peut la suspendre au milieu de ces vastes déserts autre que le bras de Dieu? Sans lui elle ne produiroit point ces richesses, & ces beautés admirables, parce que ses entrailles sont stériles & indigentes. Les feuilles des arbres ne précéderoient pas les fruits, au contraire il pourroit arriver que les fruits naîtroient les premiers, & qu'on ne les verroit jamais ensemble. Les ſaiſons ne ſeroient point partagées avec régularité, le cœur de l'Hyver ſe trouveroit quelquefois dans le fort de l'Eté, & le fort de l'Eté dans le cœur de l'Hyver. L'air auroit été faire ſon ſéjour ailleurs qu'entre la Terre & les Aſtres, où il demeure conſtamment pour tempérer la chaleur & la lumiere dont il nous fait jouir. Le corps humain ne recevroit pas par de douces & de ſecrettes influences, une force qui le fortifie dans ſa langueur, Par l'ordre établi dans la Nature on voit clairement qu'il y a une intelligence ſouveraine, qui dirige toutes choſes. Que ceux qui ſont incertains & flotans jettent donc les yeux ſur la vérité, & ſe dépouillent de leurs doute; qu'il aiment

Dieu, qu'ils l'adorent, & qu'ils lui rendent le culte qui lui est dû.

La Mer respecte ses bords ; elle ne sort jamais de ses limites ; mais s'il n'existoit pas un être suprême, pourquoi ne viendroit-elle pas inonder la Terre, elle qui n'a point de barrieres, & qui est si terrible dans son couroux ? Pourquoi y auroit-il de la diversité entre les animaux, & se conduiroient-ils par un instinct merveilleux ? Ils se font des logemens, ils se mettent à couvert des injures de l'air, ils vont chercher dequoi se nourrir, ils n'ont cependant ni de l'esprit ni de la raison ; ne reconnoît-on pas à cela une sagesse adorable qui dirige tout ?

Les nuages se forment dans

les airs ; les éclairs remplissent l'hémisphére de leurs feux, & disparoissent aussi-tôt qu'ils brillent; quel miracle ne se fait-il pas ? Le tonnerre qui fait un si grand bruit, crie adorez votre Maître. Cette pluye qui tombe, fertilise la Terre, & fait naître les fruits dont nous avons besoin. Voilà des caractéres éclatans du pouvoir de l'être suprême. Après cela, esprits flotans, ne craindrez-vous pas d'être frappés de son bras ? Resterez-vous dans votre état, qui est le plus déplorable ? Serez-vous si malheureux que de balancer à reconnoître un Dieu, tandis que tous les ouvrages de la Nature sont occupés à publier sa gloire ? Le Ciel avec ses étoiles avoue qu'il lui est redevable de la majeſté & des charmes brillans qu'il a, le Soleil & la lune avec leurs rayons diſent qu'ils ſont les témoins de ſa magnificence. Les bois avec leur charment ombrage & leur fraîcheur agréable, déclarent qu'ils portent des caractéres de ſa grandeur & de ſa ſageſſe. Les prairies revétues d'une ſi agréable verdure, & les parterres émaillés de fleurs, rendent gloire à Dieu, qui leur a donné tant d'agrémens & tant d'apas. Les arbres ornés de fleurs & de fruits le reconnoiſſent pour l'auteur de leur être, de leur richeſſe, & de leur beauté. Les montagnes & les colines annoncent que ſa gloire eſt audeſſus du Ciel & de la Terre. Les Mers, les fleuves, les ruiſſeaux, les fontaines confeſſent

ſent qu'ils ſont ſes Ouvrages, & qu'ils lui appartiennent. Les poiſſons qui ſe jouent dans l'eau, les oiſeaux de toute couleur & de différent ramage, diſent que c'eſt Dieu ſeul qui mérite qu'on l'aime. Les Zéphirs chantent ſes grandeurs à la faveur de ce doux bruit que produit leur ſouffle délicieux. Les nues, les brouillards, la pluye, la roſée, les frimats, les tourbillons, & les tempêtes manifeſtent la toute-puiſſance de leur divin Maître. Iris publie que le nom de Dieu eſt adorable, quand elle vient dorer les nuages de ſes couleurs.

Il n'eſt pas au monde une perſonne, tant ſoit peu raiſonnable qui ne reconnoiſſe l'Auteur des plaiſirs, à la vûe des merveilles de la Nature, puiſqu'elles ſont comme autant de bouches muettes qui publient les amabilités de Dieu. Si un de ces éſprits flotans méditoit un ſeul inſtant, il ſe fixeroit à ſon Dieu ; la moindre réflexion diſſiperoit ſes nuages, & porteroit un ſoleil dans ſon eſprit. Il reconnoîtroit avec beaucoup de reſpect & d'amour que c'eſt pour lui, que Dieu a tiré du ſein flétri de la Terre, par des conduits imperceptibles, tant d'arbres excellens & de fruits exquis, dont il diverſifie les odeurs & les couleurs. Que c'eſt pour l'obliger qu'il a préparé ces belles colines, ces prairies, & ce beau tems. Qu'il a étendu ce tapis vert ſous ſes pieds ; qu'il a envoyé cette nue qui vient ſi à propos pour le metre à couvert des ardeurs du Soleil. Qu'il a tiré de ses trésors ce vent frais, qui tempére la chaleur de la saison. Il apercevroit encore par mille autres endroits la bonté que Dieu a pour lui. Jusques à quand esprits flotans, serez-vous donc rebelles? Pousserez-vous l'ingratitude jusqu'à ne point reconnoître les dons & les graces que l'Auteur de la Nature a répandu & répand tous les jours sur vous? Douterez vous à l'avenir de son existence adorable? Quand la considération des Cieux, des Astres, de la Mer, de la Terre, & de tout ce qui y est contenu, ne vous convaincroit pas de cette vérité, vous la trouveriez marquée sur vous-mêmes: Suivez-moi pas à pas, je vais déchirer le bandeau de votre illusion.

L'homme eſt un abregé des merveilles du Ciel, plûtôt que des miracles de la Terre, il ne faut que ſe voir pour découvrir en ſoi des caractéres de ſon Créateur. En effet les traits de notre viſage pourroient-ils être ſi beaux, & annonceroient-ils tant de grandeur, s'ils n'avoient été faits par une intelligence ſouveraine? On voit placés ſur notre viſage, à une certaine diſtance, & vis-à-vis l'un de l'autre, deux ſoleils pour nous éclairer. Il eſt enrichi de tous les organes néceſſaires pour recevoir les impreſſions des objets, & exciter dans l'ame les couleurs, les ſons, les odeurs & les ſaveurs. Tout ce qui ſe trouve ſur notre face fait bien connoître qu'elle a été faite par un Ouvrier le plus parfait & le plus excellent que l'on puisse jamais concevoir; on y voit des marques & des empreintes que ses mains adorables y ont fait.

A l'égard de notre corps, il n'a pas moins de merveilles, tout y est admirable, tout y est fait à propos, chaque chose est à sa place, & a ses propriétés. Le sang est toujours en mouvement, est-ce nous qui lui commandons de circuler ainsi? Est-ce nous qui ordonnons à nos yeux de voir, & à nos oreilles d'entendre?

Quel arrangement, quelle structure, quelle symétrie, quelles merveilles dans notre corps! n'a-t-il pas fallu nécessairement un Dieu pour faire un ouvrage si parfait? Tout homme de bon sens reconnoît au moindre trait de ſon viſage, qu'il eſt redevable de tout ce qu'il eſt à l'Etre Suprême.

Les ſentimens de notre cœur nous fourniſſent une autre preuve de l'exiſtence de Dieu. Nous ſentons que les richeſſes, les honneurs, les plaiſirs ne peuvent faire notre félicité. Notre cœur eſt toujours indigent au milieu de la plus brillante proſpérité ; il ne trouve rien dans le monde digne de le fixer. Ce ſentiment d'indigence nous fait connoître qu'il y a un Dieu qui ſeul peut le raſſaſier.

D'ailleurs quand le cœur ſeroit accablé ſous le poids des forfaits, il ne peut s'empêcher de porter quelque ſoupir vers ſon divin Auteur ; ce qu'on connoîtroit, si on y faisoit attention. Mais c'est encore autre chose, lorsque le vice est banni & mis dans les fers, alors une voix claire se fait entendre du fond du cœur, elle le sollicite vivement à aimer & adorer celui qui l'a fait, s'il remplit ce devoir aussi aimable que respectable, il trouve cet exercice plein de charmes.

L'esprit de l'homme ne peut sortir que d'une main Toute-Puissante ; il parcourt dans un instant tout l'Univers, il agit sans se mouvoir, de sorte que ses pensées le portent partout, sans le faire jamais changer ni de place ni de lieu. Il est plus merveilleux que l'Astre du jour, puisque sa raison est un divin flambeau, qui ne peut ſouffrir d'éclipſe que par l'oppoſition de ſa malice volontaire. Il paroît donc que ce ruiſſeau d'admiration ne peut venir que d'une ſource adorable. Fixés – vous donc à la vérité, eſprits flotans, repentés-vous d'avoir douté de l'exiſtence de votre Créateur, votre Roi, votre Maître, malgré toutes les preuves que l'Univers vous donnoit.

Si quelqu'un parmi vous eſt aſſez malheureux (ce que je ne penſe pas) pour balancer à ſe rendre à la vérité qui vient de paroître dans un grand jour, je veux bien achever de le confondre, & faire tomber les principes de ſon doute funeſte par deux réflexions. La premiere eſt que je ne pourrois pas exiſter, ſi Dieu n'exiſtoit pas;

&

& la seconde est, que sans lui tous les êtres auroient été impossibles.

Premiere Réflexion. Si je pense & si j'existe (comme je n'en doute pas) il faut que Dieu existe. Car ou j'ai reçu de moi-même ma pensée & mon existence, ou bien d'un autre. Non de moi-même, parce que pour me donner ma pensée & mon existence, il faudroit que je pûsse me conserver dans le tems que je voudrois penser & exister; mais comme je n'ai pas le pouvoir de me conserver un seul instant, je n'ai pû me donner, en premier lieu, ma pensée & mon existence, je les ai donc reçues d'un autre, & cet autre ne peut être que Dieu. En effet ou cet autre m'est égal en pensant, ou supérieur. Non égal, car comme je sçais que je ne puis pas donner à un autre l'existence ni la force de penser, de même je juge sainement que je ne les ai point reçues d'un égal, mais d'un supérieur qui est Dieu.

Seconde Reflexion. Aucun être n'auroit jamais existé, s'il n'existoit une sagesse adorable. Il a été une fois que tous les êtres temporels n'ont pas été, ou du moins ils ont pû ne pas être. Mais s'ils n'ont pas été une fois, par qui auroient-ils reçu leur existence s'il n'y avoit pas eu un Dieu? Non d'eux-mêmes, parce que rien ne peut être la cause de soi-même. Non d'un autre, puisqu'au-delà de tout être il n'y a rien. Si pareillement ils ont pu ne pas être, ils n'auroient jamais été, car ils n'auroient pu recevoir leur existence d'un autre, parce qu'il n'y auroit eu rien. Il faut donc dire que puisque tous les êtres temporels n'ont pas été une fois, ou du moins qu'ils ont pu ne pas être, ils n'auroient jamais existé, si Dieu n'avoit existé.

De prétendre que le monde fût éternel, ce seroit le comble de la folie; il s'ensuivroit de-là que l'homme n'auroit jamais été. Qui lui auroit donné son existence, puisque dans cette supposition il n'y auroit eu au monde rien de plus grand que lui? Auroit-ce été le Ciel ou la Terre, les pierres ou les arbres, & s'il en étoit ainsi, Pourquoi ne feroient-ils pas des hommes tous les jours? Il répugne que des objets qui sont muets & aveugles, qui n'ont, ni inclination ni volonté, eussent été capables de cette opération, qu'ils eussent fait un ouvrage, plus excellent & plus parfait qu'eux-mêmes. Reste donc que le premier des hommes auroit du se faire de lui-même. Mais dans cette hypothése d'où vient qu'ayant été, & que n'étant plus, il n'a pu se conserver; il n'a donc pu se faire ni se produire de lui-même, puisqu'il n'a pu se conserver; car il ne faut pas un moindre pouvoir pour la production, que pour la conservation.

D'un autre côté on ne peut pas dire que le chef des hommes a toujours été. S'il n'avoit point eu de commencement, pourquoi auroit-il eu une fin? Peut-il y avoir de fin sans un commencement? Il est certain que si le premier des hommes avoit toujours été, il se seroit conservé, mais puisqu'il n'a pu le faire, il faut qu'il y ait un Dieu qui lui ait donné l'existence, & qui soit l'Auteur de toutes choses.

Il faut avoir la cervelle entierement renversée pour douter de la vérité de l'existence de Dieu; en effet douter de l'existence de Dieu & douter de sa propre existence, c'est une semblable folie.

Dieu s'est peint au milieu de l'homme, & le rend plus admirable que les Astres. Il se découvre, non seulement dans ce vaste Univers pris ensemble, mais encore dans le plus petit objet, dans un bouton de rose; dans une puce, dans une fourmi; il faut une puissance infinie pour les faire, & par conséquent un Dieu.

J'en pourrois dire davantage, mais je m'arrête là, puisque la vérité saute aux yeux, & qu'elle est aussi claire que le soleil en plein midi. Faites donc, esprits flotans, un sincére retour vers la vérité; considérés que si votre Auteur ne vous a pas puni jusqu'à présent, ce n'a été que par un effet de sa compassion; & quoique vous ayés, pour jamais, démérité son amitié, il veut vous en couronner, pourvû que vous écoutiez sa voix. Rendez-vous donc sans différer à cet Etre suprême, qui est votre derniere fin, & qui seul peut vous rendre heureux. Suivez ſans vous arrêter la route brillante que JESUS-CHRIT vous a tracée, vous n'y trouverez que des ris, des charmes & des graces ; les lys & les roſes naîtront ſous vos pas. La tempête dont vous êtes battu, n'aura plus de pouvoir ſur vous, vos jours ſeront tranquilles & charmans ; & après avoir fini glorieuſement votre carriere, vous ſerez reçus à la Cour Céleſte.

FIN.

TABLE des Titres contenus en ce Livre.

www.ingramcontent.com/pod-product-compliance
Ingram Content Group UK Ltd.
Pitfield, Milton Keynes, MK11 3LW, UK
UKHW021126220726
13924UKWH00004B/1922

9 782019 225490